浙江省社科规划课题成果（科普读物）

课题编号：24KPDW04YB

品 宋

人间有美是清欢

周膺 吴晶 著

浙江摄影出版社

全国百佳图书出版单位

责任编辑：唐念慈
装帧设计：李腾月
责任校对：高余朵
责任印制：汪立峰　陈震宇

图书在版编目（CIP）数据

人间有美是清欢 / 周膺, 吴晶著 . -- 杭州：浙江
摄影出版社 , 2024.7
　（品宋）
　ISBN 978-7-5514-4749-2

　Ⅰ . ①人… Ⅱ . ①周… ②吴… Ⅲ . ①文化史 – 中国
– 宋代 Ⅳ . ① K244.03

中国国家版本馆 CIP 数据核字 (2023) 第 225270 号

RENJIAN YOU MEI SHI QINGHUAN

人间有美是清欢

周　膺　吴　晶　著

总策划：浙江大春传媒有限公司
出品：杭州紫金港文化传播有限公司
统筹执行：南宋书房
全国百佳图书出版单位
浙江摄影出版社出版发行
　　　地址：杭州市环城北路 177 号
　　　邮编：310005
　　　电话：0571-85151082
　　　网址：www.photo.zjcb.com
制版：壹品设计工作室
印刷：浙江全能工艺美术印刷有限公司
开本：710mm×1000mm　1/16
印张：13.25
字数：100 千
2024 年 7 月第 1 版　2024 年 7 月第 1 次印刷
ISBN 978-7-5514-4749-2
定价：168.00 元

序　言

北宋元丰七年（1084），苏轼由黄州（今湖北黄冈）团练副使调任汝州（今河南临汝）团练副使，路过泗州（今安徽泗县）时与知州刘倩叔同游南山，写了一首《浣溪沙·细雨斜风作晓寒》词："细雨斜风作晓寒，淡烟疏柳媚晴滩。入淮清洛渐漫漫。　　雪沫乳花浮午盏，蓼茸蒿笋试春盘。人间有味是清欢。"上阕用具象的手法描画了淡雅而富于动感的山水景观，下阕抒发了春日游记感受，感叹"人间有味是清欢"。苏轼此词当然隐含仕宦悲叹，但也以一种哲理的方式赞叹平常生活的美。浮着雪沫乳花的清茶、嫩绿蒿笋做成的春盘素菜，皆成美事。"清欢"乃清淡的欢愉、平常的欢愉，不是狂欢，更不是贪欢，却是适性的欢愉、内在的欢愉，是真正的"大欢"。此"味"是指对美的品鉴。人间有美，才有生活趣味，才有人生欢愉。而其实，宋代的社会大众有了普遍的审美自觉，审美感知能力不再为苏轼这样的文人所独有，每个人都能在生活中发现美、欣赏美或者创造美。

宋代是中国百姓日常生活发生重大变革的时代。这之前，由于生产力低下，特别是因政治强权控制，百姓基本没有文化权利，一生大部分时间消耗于劳作，很少有休闲娱乐或文化享受。像当时的城市，夜晚还实行宵禁。百姓白天干活，晚上又被禁足，没有文化消费的场所。更何况教育普及率很低，全社会"品尝"文化的能力也很弱。宋代从根本上解决了"文化消费何以可能"的问题，社会大众普遍成为审美主体，而不再局限于贵族精英阶层，开创了一个审美新时代。当时完全取消了之前实行的坊市制度，城市的里坊（居住区）与市（商业区）混合，且不禁夜市，使商业和娱乐业获得了较大的发展空间。孟元老《东京梦华录》、周密《武林旧事》、张择端《清明上河图》等文学艺术作品生动地描绘了开封（今河南开封）、临安城（今浙江杭州）商贾辐辏、百业兴盛以及朝歌暮舞、弦管填溢的繁华情景。娱乐业不仅创造了繁荣的社会文化，而且塑造了民间文化创造主体。下层民众既构成广大的审美接受主体，也成为充溢着热情的创造主体。他们获得了文化话语权，甚至为自己确立了文化创作的职业身份。士大夫的创作题材则大量贴近民间，创作了许多雅俗共赏的作品，服务于社会大众。从某种意义上可以说，宋代将"劳作的时代"推向了"生活的时代""审美的时代"。

审美文化的发展和审美能力的提升也重塑了宋人的人格。南宋杨万里《诚斋集》卷九八《张功父画像赞》为张镃画像题跋云："香火斋祓，伊蒲文物，一何佛也。襟带诗书，步武琼琚，又何儒也。门有珠履，坐有桃李，一何佳公子也。冰茹雪食，雕碎月魄，又何穷诗客也。约斋子方内欤？方外欤？风流欤？穷愁欤？老夫不知，君其问诸白鸥。"张镃为南渡名将张俊曾孙、刘光世外孙，也是著名词学家张炎的曾祖。他虽家饶资财，也曾从政，但风流倜傥，更像名士，在当时具有代表性。宋代较多像张镃这种集佛徒、儒者、佳公子、诗客于一身的"复合型"人物，他们过着相对自由乃至有所纵情的率真、率性生活。他们在很大程度上将生活与审美融为一体，将生活艺术化，将艺术生活化。张镃的这种生活情态不仅为宋人所推崇，也一直为后人包括当下的我们所崇尚。

本书主要论述宋人的生活美学形态，以期为读者提供一幅宋代生活艺术或艺术生活画卷。宋代审美活动涉及生活的各个方面，包括许多宋人特有的生活美学，其广度和深度不仅超越于前代，在很多方面也为后世所不及，构成了一个全社会性的审美意义世界。本书因体量有限，且所属丛书其他选题对有的专题有专门论述，所以仅选取了一些关键论题，但仍致力于描画"精神画卷"这样一个内在目标。

周膺 吴晶

2023 年 2 月

目 录

第一章　铺张盛美夸才谐

一、权力下移与趣味提升

　　品宋韵，谈文化，常有人会提出一些基本问题。如，什么是宋韵？宋韵的基本特征是什么？这些问题虽然非常复杂，但基本面还是可以概述的。与"唐风"或者宋代以前的中国文化相比，宋代文化总体上趋于世俗化、大众化和平民化。其文化创造主体、消费主体都与此前大不相同，文化的社会功能、表现内容和形式也大不相同。在这种意义上，可以说，宋韵宣誓了一种社会公平和社会公正，标示了各色人等共同的话语权，引领着一种社会性大众化的审美风尚，使文化成为一种生活态度，艺术成为一种生活内容，极大地开发了审美

1

想象力和审美想象时空。宋韵代表着中华文明的高度，对人、人性、人和人权给予了相当的尊重，将中华文明提升到具有近世特征的新层次和新境界。

通过推行科举制度，唐代的官学、私学都得到较大发展，但总体规模还是相当有限的。五代王定保《唐摭言》卷一《两监》记唐贞观年间（627—649）国学规模云："贞观五年已后，太宗数幸国学，遂增筑学舍一千二百间，增置学生凡三千二百六十员。无何，高丽、百济、新罗、高昌、吐蕃诸国酋长，亦遣子弟请入；国学之内，八千余人，国学之盛，近古未有。"唐杜佑《通典》卷一五《选举三》又载州县学规模："州县学生六万七百一十员。"加上私学，实际规模更大一些。但教育普及率还是相当低的。这些受教育者大部分进入上层社会，与王公贵族一同构成精英群体，掌握文化的主导权。社会大众能够欣赏或有权享受的文化品类很少。宋代受教育面大大扩展，经过北宋庆历兴学、熙宁元丰兴学、崇宁兴学三次兴学运动和教育改革，逐步形成了以国子监所辖的中央太学为中心，中央官学、政府职能部门诸多专科学校及地方学校配套的全国性官学系统。宋末元初马端临《文献通考》卷

图 1-01　20 世纪 40 年代的长沙岳麓书院

四二《学校考三》载，北宋崇宁元年（1102）蔡京奏云："太学上舍本额一百人，内舍二百人，今贡士盛集，欲增上舍至二百人，内舍六百人，外舍三千人。"计 3800 人。中央官学规模与唐代相比扩展不多，但地方官学规模却大大扩展，如《通典》卷一五《选举三》载北宋大观三年（1109）学生数达到167622 人。唐开元年间（713—741），私学得到较大发展。安史之乱后，地方私学甚至较大程度代替州县学。今人邓洪波《中国书院史》一书统计，唐代有文献记载的书院约有 50所。❶北宋初期书院快速发展，出现宋末马端临《文献通考》所说白鹿洞、岳麓、应天、石鼓四大书院（范成大以为是徂徕书院、金山书院、石鼓书院、岳麓书院）以及茅山、华林、雷塘等著名书院。虽然后来政策倾向于官学，但书院仍持续发展。据今人李劲松《北宋书院研究》一文，北宋新建书院 206 所，其中原来教育相对不发达的南方新建书院 133 所。❷又据郑金瑶《南宋书院地理分布研究》一文，南宋共有已建、新建书院 520 所。❸宋代的初级私学较唐代也大为发展，南宋耐得翁《都城纪胜·三教外地》载："都城内外，自有文武两学，

❶ 邓洪波：《中国书院史》，武汉大学出版社2012 年版。

❷ 李劲松：《北宋书院研究》，华东师范大学博士学位论文，2009年。

❸ 郑金瑶：《南宋书院地理分布研究》，辽宁大学硕士学位论文，2017 年。

图 1-02 民国时期的庐山白鹿洞书院

宗学、京学、县学之外，其余乡校、家塾、舍馆、书会，每一里巷须一二所弦诵之声，往往相闻。"偏远地区的私学甚至超过都城临安。南宋王象之《舆地纪胜》卷一三三《南剑州》称南剑州（今福建南平）"家乐教子，五步一塾，十步一庠，朝诵暮弦，洋洋盈耳"。明林文《南湖郑三先生祠堂记》云，南宋时兴化军莆田县有"十室九书堂，龙门半天下"之美称。据此可以估计，宋代的高、中级教育规模至少比唐代大三倍，初级教育规模更大。

宋代奉行"以文化成天下"的基本国策，形成"满朝朱紫贵，尽是读书人"的仕进机制。传说宋真宗曾作通俗的《励学篇》（又名《劝学诗》）劝学天下："富家不用买良田，书中自有千钟粟。安居不用架高堂，书中自有黄金屋。出门莫恨无人随，书中车马多如簇。娶妻莫恨无良媒，书中有女颜如玉。男儿欲遂平生志，六经勤向窗前读。"《励学篇》有多个版本，应是民间文士杜撰，也不是一时而成，属于顾颉刚所说的"层累造史"而成。而附名于科举兴盛时期的君主，则体现了人们对宋代科举的向往。美国汉学家包弼德（Peter K. Bol）《唐宋转

4

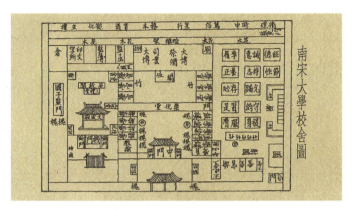

图 1-03 南宋太学校舍图（张其昀：《南宋杭州之国立大学》，《史地杂志》民国二十六年〔1937〕第 1 期）

型的反思：以思想的变化为主》一文指出："在社会史方面，唐代结束了世袭门阀对政府的支配，宋代开始了一个现代的时代，它以平民的兴起为标志。在教育的基础上，通过考试，而不是按照出身来选拔平民为官。这样的文官考试体制，促使在唯才是举的基础上建立的高水平社会流动制度化。"❶

　　科举始于隋代，但隋唐时选拔人才荐举和门荫的因素仍较重，科举选人执行得并不充分。武周时考试曾推行糊名制，即糊盖考卷上考生的姓名等，但并不普遍。唐代还无挟书之禁，且盛行"通关节"，乃至事先"觅举"。除考试外，参考甚至完全依据举子平日作品、誉望和社会关系。有地位的人及与主试官关系密切者都可举荐，乃至参与确定人选名次，即所谓"公荐"或"通榜"。应试者为增加及第的可能和争取名次，多将平日诗文作品编辑成卷轴送呈给有地位者，以求推荐，即所谓"行卷"。为强化印象，隔数日再投，称"温卷"。甚至主持考试的礼部还主动要求考生交"纳省卷"（"公卷"）。传说王维以音乐和诗歌向玄宗之妹玉真公主自荐，白居易以

❶包弼德：《唐宋转型的反思：以思想的变化为主》，刘东主编：《中国学术》第 3 辑，商务印书馆 2000 年版。

图 1-04 南宋刘松年《仿周文矩十八学士图》（台北故宫博物院藏）

《赋得古原草送别》诗向顾况行卷。唐人张固《幽闲鼓吹》等载，白居易向著名诗人顾况行卷，顾况看到诗稿上"白居易"这个名字，调侃说长安米价正贵，居住不易。但打开诗卷，见首篇《赋得古原草送别》，大为叹服欣赏，说能写出这样的诗句居住也容易，便竭力推荐。隋唐科举尽管也选拔了一些人才，但明显存在缺陷。行卷之作大多为精心宿构，虽不乏佳作，也有不少谄词、奇文，甚至是赝作，假借他人文字或以旧卷装饰重抄者也很多。而且，即使真有佳作，也必须通过显贵延誉才有效，一般寒士没有这样的门径。另外，这种科举制度还极易为人所把持。唐末五代人王定保《唐摭言》卷七《升沈后进》言及唐文宗时苏景胤、张元夫和杨汝士兄弟把持科举的问题。唐代参加科举还有门第限制，如《唐六典》卷二《吏部尚书》所言："凡官人身及同居大功已上亲，自执工商，家专其业，皆不得入仕。"李白就因出身商人家庭，不能参加科举。他一生两次入赘，先后与高宗朝任左丞相的许圉师的孙女、宰相宗楚客的孙女成婚，可能与想要改换身份或想通过

权贵入仕有关。

宋代废除了公荐，且推行封弥（糊封考生姓名、籍贯等）、誊录（誊抄考卷让考官阅卷）、别头试（为避与考官亲故关系另设的考试）、锁院（考试时封锁试院）、殿试等法，阻断舞弊。仁宗至徽宗时又重视"精贡举"，对考试科目和内容进行改革，以期革除马端临《文献通考》卷二九《选举考二》所谓"所习非所用，所用非所习"的流弊。特别是大大扩大科举规模和取士范围。宋代是中国历史上登科人数最多的朝代，共举行过118榜考试，文、武两科正奏名、特奏名进士及其他诸科登科总人数达10多万。龚延明、祖慧编著《宋代登科总录》收录有名姓者就有41040人。唐、五代共延续342年，比宋代长20多年，但科举取士人数不及宋代1/3。何忠礼《科举制度与宋代文化》一文中推算，北宋真宗朝第一次贡举（998）时，全国仅参加发解试（宋代科举考试的初级考试）的就有10万人，英宗朝可能达到42万人，南宋时多者可能达到100万人。

宋代不仅给读书人创造了仕进机会，更是缔造了以平民为主的庞大的读书群体。除登科者外，这个群体借助市场机制进入社会，成为文化创造和消费的主体。另一方面，宋代推行的重商主义政策更是创造了大量民间文化主体。宋代以前的社会主要建立在自给自足的经济基础之上，交换或商业活动起辅助作用。北宋时官方虽然在政治主张上未必做过明确昭示，但实际主要奉行的是国家重商主义政策，这在客观上推动了经济市场化发展。政府因竞逐财货而需要发展市场，于是推行重商主义政策以鼓励民间贸易。南宋时重商主义成为全社会性的策略，可称之为"社会重商主义"。所谓"社会重商主义"，即在"大官僚—大地主—大商人"国家经济主体之上确认民间经济主体的社会主张。宋代也是中国历史上唯一的以间接税为税源基础的时代，减少了对劳役制和土地税的依赖。其后的明、清两代，田赋税仍是最主要的税收来源。宋代以前基于治安管理需要，城市长期实行坊市分隔制度。坊内或坊间不能开设店铺，商业贸易或经济活动都限制在专门的市内进行。同时还规定交易时间仅限于白天，除朝廷特许外，夜晚禁绝一切商业活动。周代以来实行宵禁制度，至唐代达到顶峰，制度更加完备。宵禁制度提高了城市的安全性，也极大地制约了百姓的文化生活。当时一年中只有元宵节三天不设宵禁。城市居民白天干活，晚上居家禁足，文化生活的时间和空间都非常有限。宋代实行坊市合一，并且取消宵禁，促进了市民阶层的兴起和社会文化的繁荣发展。

在这样的社会背景下，过去贵族或上流社会主导的精英文化逐渐向大众文化溢出。由于教育普及率的极大提高，下层社会接受或创造文化的水平也不断提升，使得文化权力逐渐向平民大众分化，前所未有地构造了庞大的社会性文化创造主体和消费主体。这不仅使精英文化的内涵得以拓展，也使社会大众提升了审美趣味和审美能力。文化权力主要经由话语体系、表征系统、文化空间以及意识形态等来展现和实现其意志，宋代市民文化权力的赋予和施展创造了一个与过去贵族文化完全不同的"意义世界"——世俗的意义世界。

二、苟有可观皆有可乐

北宋熙宁七年（1074），苏轼由杭州通判调任密州（今

9

山东诸城）知州。第二年他修复了一座残破的楼台，弟弟苏辙为之起名"超然"。苏轼写了篇《超然台记》。其文有云："凡物皆有可观。苟有可观，皆有可乐，非必怪奇伟丽者也。哺糟啜醨，皆可以醉；果蔬草木，皆可以饱。推此类也，吾安往而不乐？……予自钱塘移守胶西，释舟楫之安而服车马之劳，去雕墙之美而蔽采椽之居，背湖山之观而行桑麻之野。始至之日，岁比不登，盗贼满野，狱讼充斥，而斋厨索然，日食杞菊。人固疑予之不乐也，处之期年而貌加丰，发之白者，日以反黑。予既乐其风俗之淳，而其吏民亦安予之拙也。于是治其园圃，洁其庭宇，伐安丘、高密之木，以修补破败，为苟完之计。"此文言任何事物皆有可观赏处。因有可观，便有快乐，而未必一定要怪异、新奇、雄伟、瑰丽者。吃酒糟、喝薄酒，皆有可醉。水果、蔬菜、草木也可充饥。依此类推，我到哪儿会不快乐？我从杭州调任密州，放弃了乘船的舒适快乐，而承受坐车骑马的劳顿；放弃华美漂亮的住宅，寄居木屋；背离湖光山色，来到桑麻丛生的偏地。刚到之时，逢收成不好，盗贼遍地，诉讼不断。而且食物短缺，常食野菜。人们一定都怀疑我会不快乐。可我在这里住了一年后，反而壮实了，白发也变

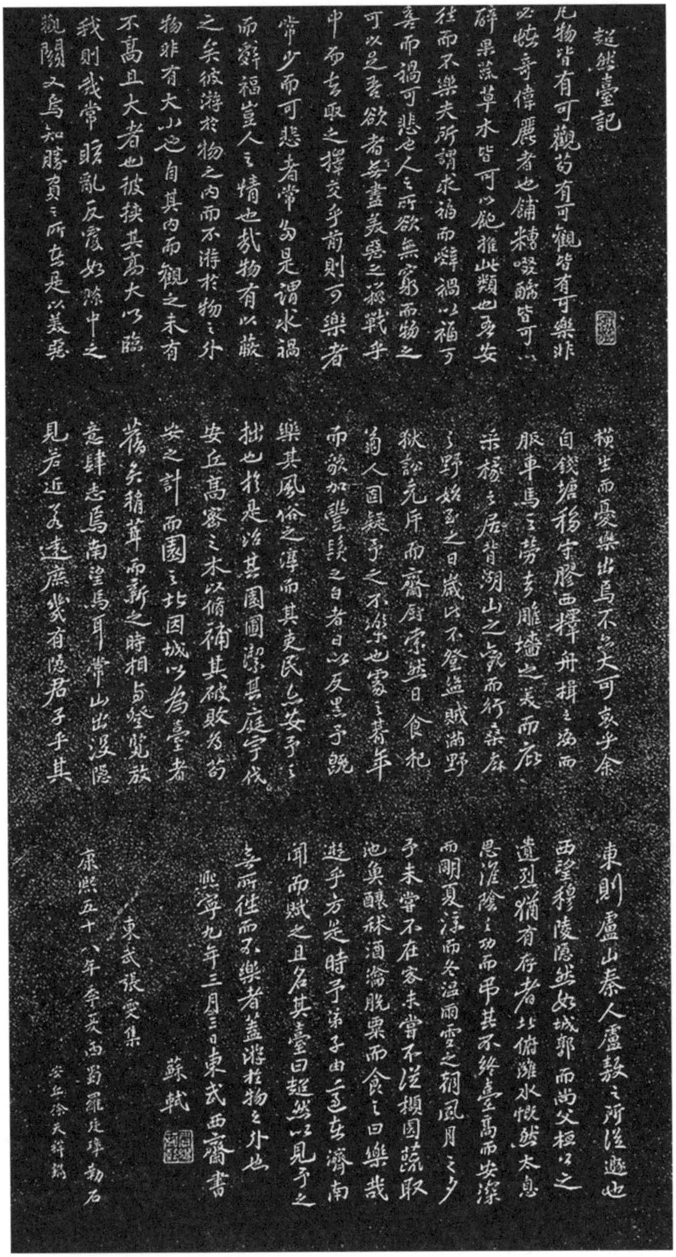

超然臺記

凡物皆有可观。苟有可观，皆有可乐，非必怪奇伟丽者也。餔糟啜醨皆可以醉；果蔬草木皆可以饱。推此类也，吾安往而不乐？

夫所为求福而辞祸者，以福可喜而祸可悲也。人之所欲无穷，而物之可以足吾欲者有尽。美恶之辨战乎中，而去取之择交乎前。则可乐者常少，而可悲者常多。是谓求祸而辞福。夫求祸而辞福，岂人之情也哉？物有以盖之矣。彼游于物之内，而不游于物之外。物非有大小也，自其内而观之，未有不高且大者也。彼挟其高大以临我，则我常眩乱反复，如隙中之观斗，又乌知胜负之所在。是以美恶横生，而忧乐出焉，可不大哀乎！

余自钱塘移守胶西，释舟楫之安，而服车马之劳；去雕墙之美，而蔽采椽之居；背湖山之观，而行桑麻之野。始至之日，岁比不登，盗贼满野，狱讼充斥；而斋厨索然，日食杞菊。人固疑余之不乐也。处之期年，而貌加丰，发之白者，日以反黑。予既乐其风俗之淳，而其吏民亦安予之拙也。于是治其园圃，洁其庭宇，伐安丘、高密之木，以修补破败，为苟完之计。而园之北，因城以为台者旧矣；稍葺而新之，时相与登览，放意肆志焉。南望马耳、常山，出没隐见，若近若远，庶几有隐君子乎！而其东则卢山，秦人卢敖之所从遁也。西望穆陵，隐然如城郭，师尚父、齐桓公之遗烈，犹有存者。北俯潍水，慨然太息，思淮阴之功，而吊其不终。台高而安，深而明，夏凉而冬温。雨雪之朝，风月之夕，予未尝不在，客未尝不从。撷园蔬，取池鱼，酿秫酒，瀹脱粟而食之，曰：乐哉游乎！

方是时，予弟子由适在济南，闻而赋之，且名其台曰"超然"，以见余之无所往而不乐者，盖游于物之外也。

熙宁九年三月三日东武西斋书 苏轼

康熙五十八年季夏西蜀罗廷璋勒石

东武诗文集

发圹徐天祥镌

图1-05 清康熙六十年（1721）罗廷璋重刻密州超然台苏轼《超然台记》碑刻拓片

黑了。我喜欢此处淳朴的民风,此地官吏百姓也习惯了我的愚拙无能。我在这里修园治圃,打扫庭院,修补破败的房屋,不乏快乐。文章表达了超然物外、无往不乐的思想,也表达了他的美学观念,即所谓任何事物都有欣赏处。苏轼在这里表达了他的人生观,而其实宋人有以现实、世俗、平常为美的普遍心理。

唐代文学艺术作品虽然在题材上也多有拓展,但表现俗事、俗物的作品仍然不多,像杜甫、韩愈那样努力表现世俗生活还没有形成风气。宋时俗事、俗物题材较为普遍,将前人所忽视、舍弃的俗事、俗物引入到创作之中并将其视为创作素材的重要突破点。如在《全宋诗》中,描写食物的诗篇不胜枚举,内容也五花八门,涉及肉类、鱼类、瓜果、点心等多种,宋人将自己吃过、看过或者只是听说过的食物都写入诗歌。苏轼就有《鳊鱼》《食雉》《春菜》《棕笋》等几十首描写食物的诗作。其中《食柑》一诗描写了吃水果这一琐碎小事,内容却形象生动,以至于如方回《瀛奎律髓汇评》卷二七有"读此诗便觉齿舌津液,不啻如望梅林也"之叹。又苏轼《被酒独行,遍至子云、威、徽、先觉四黎之舍三首》(其一)云:

"半醒半醉问诸黎，竹刺藤梢步步迷。但寻牛矢觅归路，家在牛栏西复西。"居然将牛屎写进诗中。不仅没有丝毫粗俗之感，反而传达出一种朴实的生活气息。柳永极大地开拓了词的题材和内容，注重叙写世俗生活，如描绘都市景象和四时风光，像他写杭州的《望海潮》，词云："东南形胜，三吴都会，钱塘自古繁华。烟柳画桥，风帘翠幕，参差十万人家。云树绕堤沙，怒涛卷霜雪，天堑无涯。市列珠玑，户盈罗绮，竞豪奢。重湖叠巘清嘉，有三秋桂子，十里荷花。羌管弄晴，菱歌泛夜，嬉嬉钓叟莲娃。千骑拥高牙，乘醉听箫鼓，吟赏烟霞。异日图将好景，归去凤池夸。"南宋罗大经《鹤林玉露》丙编卷一乃有"此词流播，金主亮闻歌，欣然有慕于'三秋桂子，十里荷花'，遂起投鞭渡江之志"之说。柳永词还有游仙、咏史、咏物等题材。柳词在表现手法上以白描见长，长于铺叙，情景交融。叶梦得《避暑录话》卷三记载："柳永为举子时，多游狭邪，善为歌辞。教坊乐工每得新腔，必求永为辞，始行于世，于是声传一时。余仕丹徒，尝见一西夏归朝官云：'凡有井水饮处，即能歌柳词。'言其传之广也。"有井水处就是百姓聚居处，柳词在民间包括域外他乡（如西夏）都很流行。宋代话本不

图 1-06 北宋张择端《清明上河图》（故宫博物院藏）

仅承袭了前代以志怪为主题的创作理念，更是将笔墨延伸到社会底层，让听众感受光怪陆离的世界。为了更好地吸引听众，作者创作时还在唐代神怪的基础上更多地注入现实生活中的离奇、巧合之事，以更好地满足听众的好奇心理。

宋代绘画形制全面成熟，如盛行卷轴画，不再局限于壁画、屏风画、纨扇画等装饰样式。尤其是在题材上大大拓展，出现了众多高水平的风俗画。宋代风俗画的成就特别突出，创作了大量表现平民世俗生活和宫廷日常生活的卷轴画。整个宋代绘画，特别是南宋绘画，由于具有非常强烈的"依事画相"特征，其质理都可以看作是一种风俗画。宋代风俗画

不仅在数量和质量上胜于前代, 题材内容更是丰富多彩。以节庆信仰等民俗为表现主题的, 如张择端的《清明上河图》、佚名的《九阳消寒图》等; 反映经济生活的, 如楼璹的《耕织图》、王居正的《纺车图》等; 反映田园生活的, 如马远的《踏歌图》等; 反映城市生活的, 如叶仁遇的《维扬春市图》、燕文贵的《七夕夜市图》、苏汉臣的《货郎图》、李嵩的《货郎图》等; 反映娱乐活动的, 如佚名的《春游晚归图》《杂剧图》等。"童戏图"是宋代风俗画的一个大类, 其中"戏浴""斗蟋蟀""放风筝"等主题很常见。这些风俗画所表达的内容大多与史籍记载相映照。《清明上河图》幅长 528.7

厘米、宽24.8厘米，是全景式城市生活画卷。场景宏大，起伏有序，生动传神，其内容无不与《东京梦华录》等史籍相印证，是现实主义杰作。李嵩的《货郎图》构思严谨又富于变化，生动表现了被货郎担吸引的儿童和妇女的神情姿态，心理动态刻画细腻深入。各色形制的货物除了给人目不暇接、眼花缭乱的新奇感，也是反映商品经济、城市面貌的生动实录。宋代风俗画的产生和发展有赖于市民阶层兴起和俗文化极度繁荣的时代背景。

在表现俗文化的同时，宋人还将前人忽视、鄙弃的部分如方言、俗语等引入文学艺术创作，使平常事与平常语结合在一起，增强了意象性。反观唐人在这方面却较谨慎或较保守。韩愈在散文中运用较多方言、俗语，但在诗作中运用不多。刘禹锡对民间文学十分热衷，据四川民歌《竹枝词》创作新词，但方言、俗语运用却较拘泥，以至北宋诗人宋祁《九日食糕》诗有"刘郎不敢题糕字，虚负诗中一世豪"之讥。北宋蔡绦《西清诗话》载王琪主张："诗家不妨间用俗语，尤见工夫……此点瓦砾为黄金手也。"南宋周紫芝《竹坡诗话》引苏轼云："街谈市语，皆可入诗，但要人熔化耳。"苏轼弟子陈师道《后山诗话》记述："熙宁初，有人自常调上书，迎合宰相意，遂丞御史。苏长公戏之曰：'有甚意头求富贵，没些巴鼻使奸邪。''有甚意头''没些巴鼻'皆俗语也。""意头"意为心意，"巴鼻"意为来由。它们皆为方言、俗语。此外如《李颀秀才善画山，以两轴见寄，仍有诗，次韵答之》诗"诗句对君难出手"，"出手"为卖出或脱手之意。《和蒋夔寄茶》诗"厨中蒸粟堆饭瓮，大杓更取酸生涎"，作者自注"山东喜食粟饭，饮酸酱"。山东人埋肉于饭下而食，谓之"饭瓮"。《答王巩》诗"连车载酒来，不饮外酒嫌其村"，"村"为宋人俗语，有粗俗之意。《次韵孙秘丞见赠》诗"不怕飞蚊如立豹"，作者自注"湖州多蚊蚋，豹脚尤毒"。"豹脚"乃一种蚊子的俗称。《五禽言五首》其二诗"溪边布谷儿，劝我脱破袴"，作者自注"土人谓布谷为脱却破袴"。《东坡八首》（其四）"毛空暗春泽，针水闻好语"，作者自注"蜀人以细雨为雨毛。稻初生时，农夫相语稻针出矣"。苏诗多用方言、俗语或戏语入诗，增强了诗文的通俗性和表现力。

上述实际是"以俗为雅"。北宋诗人梅尧臣较早提出"以俗为雅"。陈师道《后山诗话》载："闽士有好诗者，不用陈语

图 1-07　南宋马远《踏歌图》（台北故宫博物院藏）

常谈。写投梅圣俞，答书曰：'子诗诚工，但未能以故为新，以俗为雅尔。'"梅尧臣坚持"以俗为雅""化丑为美"的诗学主张，将生活琐事、俗人俗物等富有生活气息的题材引入诗歌，乃至刻意表现丑态。在梅尧臣传世的3000余首诗中，有相当数量是这类作品。引"丑"入诗在宋代以前已有端绪，如唐代杜甫、韩愈，但并未形成一种创作倾向，梅尧臣则有意为之。梅诗中有不少是以被世人视为丑陋、低俗、肮脏的对象为题材，其《蚯蚓》《八月九日晨兴如厕有鸦啄蛆》《水次骷髅》《师厚云虱古未有诗邀予赋之》《扪虱得蚤》《秀叔头虱》等，只看题目就已经有不悦、不适的审美压力了。梅尧臣不仅以那些丑陋、卑下、令人厌恶的事物作为审美意象，还将它们直白、真切地表现出来。蚊子、苍蝇、跳蚤、蚯蚓、蛇、癞蛤蟆、裤裆内的虱子、厕所里乌鸦啄食蛆虫、喉间痰响、感到尿胀懒得撒尿、喝了茶肚子咕噜作响、就餐后腹泻等成为他的特殊"审丑意象"。其《梅雨》诗云："三日雨不止，蚯蚓上我堂。湿菌生枯篱，润气醸素裳。东池虾蟆儿，无限相跳梁。"《五月十三日大水》诗云："穷蛇上竹枝，聚蚓登阶陬。"《二月雨后有蚊蚋》诗云："春夜一二蚊蚋飞，久不见之尚可喜。而今稍喧来聒人，向后更暖奈尔觜。"这些为人厌恶的对象被描述得活灵活现、充满生机，甚至有些可爱，别有一番趣味。这些"丑"本是一种生活内容，与其说诗人选择"丑"，不如说是不回避"丑"。当然有些写得过于露骨直白的也是值得商榷的。如《乌啄枣》诗云："树头阳乌饥啄枣，破红绕地青蝇老。青蝇雨湿惊不飞，残枣入泥人不扫。西风落尽鸟亦归，晋客齿黄终懊恼。"《水次骷髅》诗云："不知谁氏子，枯首在沙洲。肉化乌鸢腹，肢残波浪头。"《蚯蚓》诗云："蚯蚓在泥穴，出缩常似盈。龙蟠亦以蟠，龙鸣亦以鸣。自谓与龙比，恨不头角生。蝼蝈似相助，草根无停声。聒乱我不寐，每夕但欲明。天地且容畜，憎恶唯人情。"《四月二十八日记与王正仲及舍弟饮》诗描写王正仲下泻而自己呕吐之状："仲氏又发霍，洞下忽焉甚……我呕虽未平，惊走岂遑枕。叫号使呼医，子怪亦莫谂。"

　　梅尧臣虽只是一个极端案例，但宋代主张"以俗为雅"的人大有所在。江西诗派领袖黄庭坚曾在《再次韵杨明叔并序》序中云："盖以俗为雅，以故为新，百战百胜，如孙吴之兵，棘端可以破镞，如甘蝇飞卫之射，此诗人之奇也。"南宋初年葛立方在《韵语阳秋》卷三引述此说，后来成为江西诗派重要的诗学理论。苏轼《题柳子厚诗二首》（其一）也云："诗须要有为而作，用事当以故为新，以俗为雅。好奇务新，乃诗之病。"比较苏轼与黄庭坚的书写特点，似可见苏轼以"以俗为雅"见长，黄庭坚则以"以故为新"取胜。《竹坡诗话》载，苏轼曾对一位诗僧说："冲口出常言，法度法前轨。人言非妙处，妙处在于是。"冲口而出的"常言"，

图 1-08 清顾沅辑、孔继尧绘《吴郡名贤图传赞》卷二《梅尧臣像》

实为日常生活中人们使用的口语或通俗的语言。苏轼认为使用常言，遵循艺术法度，是诗歌创作的奥秘所在。这补足了他对"以俗为雅"的解释。南宋朱弁《风月堂诗话》载："（释道潜）尝与客评诗。客曰：'世间故实小说，有可以入诗者，有不可以入诗者，惟东坡全不拣择，入手便用。如街谈巷说，鄙

俚之言，一经坡手，似神仙点瓦砾为黄金，自有妙处。'"苏轼善用方言、俗语入诗，也善用日常口语入诗，使诗通俗自然。其《题沈君琴》云："若言琴上有琴声，放在匣中何不鸣？若言声在指头上，何不于君指上听？"又《洗儿戏作》云："人皆养子望聪明，我被聪明误一生。唯愿孩儿愚且鲁，无灾无难到公卿。"此外又有《和子由蚕市》"千人耕种万人食，一年辛苦一春闲"，《次韵王定国得晋卿酒相留夜饮》"使我有名全是酒，从他作病且忘忧"。细品这些寻常题材、通俗常言写的诗句，仍有相当回味。柳永的词上承晚唐五代敦煌民间曲词传统，下开金元谐俗曲风，用市民化语言写作大量"俚词"，具有极强的表现力。北宋孔平仲笔记《孔氏谈苑》卷四云："白乐天每作诗令老妪解之。问曰：'解否？'妪曰'解'，则录之；'不解'，则易之。故唐末之诗近于鄙俚。"此后北宋释惠洪《冷斋夜话》、彭乘《墨客挥犀》和南宋曾慥《类说》、胡仔《苕溪渔隐丛话》等书也有记载，观点几乎完全相同。但这大约是宋人杜撰出来的段子，是时人新观念的某种折射。

宋人倡导的"俗"不过是一副外壳，其内核仍是追求"雅"。有主张运用俗事、俗物反映世俗生活和运用方言、俗语入诗的"以俗为雅"，但重点还是在"为雅"上。世俗的题材内容，粗浅的方言、俗语经过艺术提炼和处理，具有审美意境，进入了高雅的文学殿堂，这才是"以俗为雅"。宋人认为，雅、俗没有绝对的界限，它们是可以相互转化的，也是可以共存的。以俗为雅不仅增加了文学艺术表现的题材，使之能更充分地表现现实人生，而且极大地丰富了文学艺术语言和表现方式。

三、众人之私成众人之公

宋代经济政治体制变革使城市经济由工商经济模式转换为商工经济模式，农村经济由农商经济转换为商农经济，它们以商业为主导。在新的商业体系推动下，城市手工业不断突破原有的市场边界，呈现出迅猛的发展态势。城内除早市、日市、夜市和季节市等时令市外，还出现大量专业市场，如米市、菜市、茶市、肉市、珠子市、药市、花市、布市、生帛市、蟋蟀市、象牙玳瑁市、丝绵市、枕冠市、故衣市、衣绢市、卦市等，又以手工业品市场为主。南宋周密《武林旧事》卷六《作坊》云："都民骄惰，凡买卖之物，多与作坊行贩已成之物，转求什一之利。或有贫而愿者，凡货物盘架之类，一切取办于作坊，至晚始以所直偿之。虽无分文之储，亦可糊口。此亦风俗之美也。"私营手工业发展水平已与官营手工业不相上下，不仅从业人员众多，分工也同样精细，几乎每一类商品都有专门作坊。南宋临安工商业分为"四百十四行"，比唐代最多的"二百二十行"增加了近一倍。《武林旧事》卷六《小经纪》还记载了只有临安才有的 178 种职业。行商和手工业已是城市居民的主要职业或谋生手段。农村也出现了与商业有关的新兴职业。

在商业的促动下，文学艺术和娱乐活动开始市场化，催生了最早的文化产业。诸色杂卖、百戏伎艺、三教九流、阡陌市井，构成了宋代城市生活的生动风景。瓦舍勾栏、酒楼茶肆、花街柳巷、坊院池苑，处处云集着新生的市民群体。他们交易买卖、饮酒品茶，也听曲观舞，进行艺术享乐。如果遇到年节时令、婚丧育子等，更是应时而乐、依礼而行。与宋代异军突起的文人词同时发展起来的，反映城市市民生活的说话、南戏、曲子词、诸宫调等新鲜活泼的文学艺术形式，于瓦舍勾栏大量诞生。北宋开封城内外至少有瓦舍 9 处，南宋更多。西湖老人《西湖老人繁胜录·瓦市》记载临安城内外有 25 处，吴自牧《梦粱录》卷一九《瓦舍》说"其杭之瓦舍，城内外合计有十七处"，周密《武林旧事》卷六《瓦子勾栏》记载有 23 处。虽然所记数目不同，但瓦舍勾栏的发达是肯定的。有的瓦舍还为政府所建，或由政府管理。南宋潜说友等《咸淳临安志》卷一九《疆域四》载："故老云：绍兴和议后，杨和王为殿前都指挥使，以军士多西北人，故于诸军寨左右营创瓦舍，招集伎乐，以为暇日娱戏之地。其后，修内司又于城中建五瓦，以处游艺。今其屋在城外者，多隶殿前司，城中者隶修内司。"《武林旧事》卷六《瓦子勾栏》也载："瓦子勾栏，城内隶修内司，城外隶殿前司。"又孟元老《东京梦华录》卷五《京瓦伎艺》载："崇、观以来，在京瓦肆伎艺，张延叟、孟子书主张。"据考证，孟子书为北宋末乐官，"主张"乃主管之意，说明政府命乐官管理东京的"瓦肆伎艺"。政府办瓦舍，是因其有利可图。临安的南瓦、中瓦、上瓦、下瓦被时人称为"衣山衣海、卦山卦海、南山南海、人山人海"。

文化产业的繁荣造就了新兴的市场主体，也构建了城市

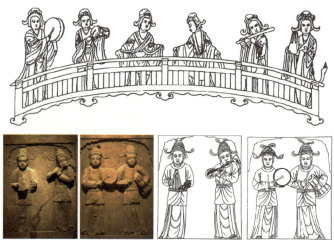

图 1-09　四川省泸县新屋嘴村一号宋墓瓦舍勾栏器乐表演砖雕（泸县宋代石刻博物馆藏）

多元文化主体，带来了普遍的文化自觉。他们以一技之长谋利谋生，客观上构建了庞大的文化市场，合众人之私成众人之公。元代无名氏创作的杂剧《蓝采和》有云："学这几分薄艺，胜似千顷良田。"宋代从事文学艺术创作或表演的民间行家取得的收入大大超过务农务工人员，许多人因此实现财务自由，较大程度上脱离了人身依附关系，获得了自由生活的权利，让工作或生活可以更多地寄寓于兴趣、爱好或理想，可以更真实、更诚实地观照世界和面对自己。他们都在所从事的文化活动中完成了自己的身份确认。清翟灏《通俗编》卷三八《识余·连业著姓》谈到"连业著姓"即以执业冠以姓氏的现象，这在宋代已经相当普遍。据《武林旧事》等书记载，南宋时临安艺人中有粥张二、色头陈彬、酒李一郎、故衣毛三、枣儿徐荣、枣儿余二郎、湖水周、燎肝朱、掇条张茂等艺名，标明他们从艺前的职业行当或主业行当。从他们弃商从艺或兼职的行为中可推想，当时不仅可以自由从艺，且从艺的相对收入应较高。而他们对自己原来的身份也进行了社会确认。为便于记忆和传播，又有以行第即家族同一祖父或曾祖父子弟排行次序为艺名的，如孙十五、张十一、贾九、王四郎、王十郎、王六郎、胡十五郎、小张四郎（张小四郎）、翟四郎、翁三郎、蛮张四郎、胡六郎、小胡六等。这其实也是对自己的文化身份进行确认。"郎"在唐代是对男子的尊称，又是奴仆对主人的称呼。宋代"郎"之称谓渐渐扩展到下层男性，虽然仍需有一定的身份地位。洪迈《夷坚志·支景卷第五·许六郎》载："湖州城南市民许六者，本以锅饼饵蓼糁为生，人呼曰许糖饼。获利日给，稍有宽余，因出子本钱于里间之急缺者，取息比他处稍多，家业渐进，遂有六郎之称。"宋代艺人能以"郎"为名，也因职业素养不俗，或善于积累财富，而得到人们尊重认可。南宋时还出现了许多女性艺人，体现出社会的开放与进步，如张小娘子、宋小娘子、陈小娘子以及史惠英、时小童母女、陆妙静、陆妙慧、胡仲彬之妹、朱桂英等。元人杨维桢《东维子集》卷六《送朱女士桂英演史序》中提及南宋众多宫廷女演员："当思陵上太皇号，孝宗奉太皇寿，一时御前应制多女流也。若棋待诏为沈姑姑，演史为张氏、宋氏、陈氏，说经为陆妙慧、妙静，小说为史惠英，队戏为李瑞娘，影戏为王润卿。皆中一时慧黠之选也。两宫游幸聚景、玉津内园，各以艺呈。天颜喜动，则赏赉无算。""娘子"原是泛称，而据清钱大昕《恒言录》卷三考证，宋代称未嫁女子为"小娘子"。艺人以"小娘子"称谓或有宣扬其年少美丽的广告意味。元胡祗遹《紫山大全集》卷八《黄氏诗卷序》特别讲到一个说唱女艺人应当具备"九美"，第一美即"姿质浓粹，光彩动人"。佛教俗讲或说经是宋代重要的说话艺术，讲经和尚或居士也在某种程度上成为艺人。知名者如长啸和尚、喜然和尚、蛮明和尚、捷机和尚、有缘、啸庵、借庵、保庵、息庵、宝庵、管庵等。宋代大部分艺人社会地位不高，但他们中的部

图 1-10 南宋李嵩《骷髅幻戏图》（故宫博物院藏）

分人通过文化活动确立了经济地位，部分人虽仍地位微贱但较从前有所改善。戏曲的题材多取于民间，贴近民众生活，其曲文语言质朴、通俗、口语化，俚词俗调、里巷歌谣皆入其中。明人徐渭《南词叙录》云："句句是本色语，无今人时文气。"原因是这些艺术作品的创造者和表演者本身就是城市平民的一员。他们置身于世俗环境之中，最接近下层社会，洞悉市井细民的肝胆和心态，并且自信地表现这样的生活内容。

　　诸色伎艺仅仅是当时市场主体流动的领域之一，南宋袁采《袁氏世范》卷中《子弟当习儒业》曾指出"无常产可依"的士人在"取科第"以外的诸多生存之路："士大夫之子弟，苟无世禄可守，无常产可依，而欲为仰事俯育之计，莫如为儒。

其才质之美，能习进士业者，上可以取科第致富贵，次可以开门教授，以受束脩之奉。其不能习进士业者，上可以事笔札，代笺简之役；次可以习点读，为童蒙之师。如不能为儒，则巫医、僧道、农圃、商贾、技术，凡可以养生而不至于辱先者，皆可为也。子弟之流荡，至于为乞丐、盗窃，此最辱先之甚。"进入各种行业的士人都以不同的方式为自己的市民身份命名定位。尽管不是同行，但从事文化写作的市场主体都在表现他们。江湖艺人生活于社会底层，他们对各色人等的社会生活感同身受，同样要为之命名定义。胡祗遹《紫山大全集》卷八《赠宋氏序》在论述杂剧时说："既谓之杂，上则朝廷君臣政治之得失，下则闾里市井父子、兄弟、夫妇、朋友之厚薄，以至医药、卜筮、释道、商贾之人情物理，殊方异域风俗语言之不同，无一物不得其情，不穷其态。"宋代以前的文学叙事远不如历史叙事发达，宋代为数众多的剧本、话本等的问世揭开了中国叙事文学兴盛的序幕。话本《碾玉观音》表现了出身装裱匠家庭的璩秀秀与碾玉匠崔宁的爱情故事，故事表达了追求婚姻自由的理想。《苏小卿月夜泛茶船》表现妓女苏卿与双渐、冯魁的故事，反映了江南茶商的生活。

南宋初陈棣《读豫章集·成柏梁体》云："元祐升平超治古，诞布人文化寰宇。道山翰苑郡仙处，一代文章继周鲁。斯道盟寒谁是主，眉山二老文章虎。眉山鉴裁高难与，网罗九万抟风羽。晁张超然鸿鹄举，秦郎继作翘翘楚。余子纷纷谩旁午，韩门籍湜何须数。豫章诗律

图 1-11　山西省稷山县马村宋墓戏曲表演砖雕

加严苦，洗空万古尘凡语。后来鲜俪前无伍，真是江西第一祖。锦绣陆离缠肺腑，宝唾珠玑终日吐。儿颖烟煤骤如雨，混然天成绝斤斧。骚经抑怨知何补，白雪阳春空媚妩。囊括鲍谢包徐庾，下视谪仙平揖甫。近时作者宗燕许，入社投名仰成矩。残膏剩馥争探取，孤别枝分已难御。专党同门伐异户，陈言糟粕弃如土。宗门不绝仅如缕，究竟畴能踵前武。遗编璀璨琼瑶谱，

八珍间列罗樽俎。诵之琅琅中宫吕，心清何止头风愈。古人纯全嗟莫睹，徒味篇章想簪组。铺张盛美夸才谞，自笑雷门持布鼓。"称赞北宋文坛群星璀璨。尤其是苏轼、黄庭坚造极一时，引来一大批追随者，开一代风气。陈棣自笑以柏梁体诗铺张辞藻夸赞他们的才华，却力不从心，如敲不响的布鼓。其实宋代世俗文化全面繁荣，在许多领域都取得空前成就，也创造了不少新的样式，对社会文化影响更为广大。"铺张盛美夸才谞"描绘了宋代世俗文化创作主体自表才情、争奇斗艳的状况，似可概观宋代社会文化发展景象。

第二章 不散的瓦子

一、诸色杂卖

宋代商业性游艺场所称瓦舍（或称瓦子、瓦市、瓦肆等），在瓦舍里设置的剧场称勾栏（或称勾阑、钩栏等），因此又统称勾栏瓦舍。《梦粱录》卷一九《瓦舍》云："瓦舍者，谓其'来时瓦合，去时瓦解'之义，易聚易散也。"其实宋代的瓦舍是不散的。今人廖奔《中国古代剧场史》一书考证，勾栏瓦舍兴起于北宋仁宗朝，衰竭于明代中期以前，历时约400年。勾栏瓦舍是封闭的木结构剧场。舞台分为前部的戏台和后部的戏房，戏台周围用栏杆围合。戏台与戏房以"神巾争"相隔，有"鬼门道"相通供演员进出。观众席分为神楼、腰棚，且神楼正戏台位置较高，供奉梨园神之类神灵牌位，也可设观众席。腰棚是围着戏台所设的观众席。观众席没有站席，座位不编号，先到先坐。观众席也分等级，有金交椅、青龙头、白虎头等。金交椅居正中，青龙头在舞台的左侧下场门附近，白虎头在舞台右侧上场门附近，都是最好的位置。舞台一侧有乐床，是乐队坐的地方。大门入口处有招贴，标明戏目和名角姓名等。另外还挂有旗牌、贴额，有类似招贴的功能。

宋代百戏繁多，据《武林旧事》记载，南宋临安的百戏伎艺有说话、影戏、唱赚、小唱、鼓板、杂剧、唱耍令、商谜、傀儡、蹴球、角抵、举重、相扑等 52 个种类，其中著名演艺人员 524 人。每种演艺项目又可分为多种不同的形式，如说话又分为小说、讲史、说经等，傀儡戏又分为悬丝、仗头等，说唱又分为鼓子词、诸宫调、陶真、崖词等。伎艺中甚至还有女子相扑。宋仁宗爱看女子相扑，以至于司马光要上《论上元令妇人相扑状》劝谏。随之而起的是市民文学的普遍兴盛，如话本、剧本之类的创作活动极活跃。其中许多作品经刻印出版或瓦肆艺人表演而广为流传。《武林旧事》卷一〇《官本杂剧段数》记载南宋官本杂剧 280 本，其中不少是取材于市民生活的滑稽幽

图 2-01　元钱选《宋太祖蹴鞠图》（上海博物馆藏）

默故事剧。

宋代诸色伎艺有一个重要特色，除戏曲和体育竞技等项目外，其他叙事性伎艺普遍采用形体辅助故事讲唱的模式，即所谓"依相叙事"，它增进了通俗性和可观性。辅助故事讲唱的各种形象性形体谓之"相"。"相"与讲唱者在形体上有分有合，发挥着语言所不可及的功能。唐代出现的配图变文表演是一种颇为新颖的故事讲唱形态，在体制上有三个方面的特征：一是散韵结合，即说唱兼行；二是有习用的过阶语作提示；三是演唱变文往往配合图画。变文表演中所用的图画称为"变相"。变相的产生与佛教其他圣像一样都是宗教信仰的外化表现，它在佛典中意指神奇变异之相（形象、情景、场面等）。就内容而言，变相可以分为两大类：一是非情节性的人物画，二是有情节的故事画。初期的变相创作与讲经变文一样均较严格地按经教的要求来设计，但是随着三教合流强化，两者都彻底世俗化了。变文由讲经文发展成俗讲，世俗生活、民间传说及历史故事成了其讲唱的主要素材，相应的变相也可以描绘世俗生活的图景，如《王昭君变文》之"上卷立铺毕，此入下卷"、《王陵变》之"从此一铺，便是变

图 2-02 南宋苏汉臣《傀童傀儡图》（日本东京国立博物馆藏）

初"。说明讲唱时所用的图画在内容上已与佛教无关，也与神奇变异有距离，然而在形体上、功能上仍与变相同。变文的依相叙事不仅表现为一种故事讲唱方式，也蕴含着一种故事讲唱思维。受变文依相叙事思维的影响和启发，宋代说话伎艺也往往采用图画相辅而行，并且对"相"的形态有了更高的要求，而傀儡戏、影戏的存在和发展使得这一要求有了实现的基础和可能。艺人以说话伎艺为基础，取傀儡、影人作为故事讲唱的修饰，以美视听。傀儡、影人早已存在，但并非为故事讲唱而生，也不只为故事讲唱所用，不过却依托说话又将说话转变为独立的"影视"艺术。

　　傀儡戏即木偶戏，在南宋时进入全盛期。南宋耐得翁《都

图 2-03 北宋李公麟《孝经图》第七幅傀儡戏和魔术场景（美国大都会艺术博物馆藏）

城纪胜》所记傀儡戏有以下几种：（1）悬丝傀儡（提线木偶）。木偶形体多在一尺上下，傀儡四肢及头部和关节部分皆缀以线，表演者在上方提线操纵木偶动作。还有土塑的傀儡，亦以线牵引。（2）杖头傀儡。木偶形体一般约一二尺，有手无足，手部用两根竹竿作支架，表演者用棍支起木偶并操纵其动作。据《武林旧事》卷六《诸色伎艺人》所记，南宋著名的杖头木偶艺人有张小仆射、刘小仆射等，都是当时声名鹊起的高手。（3）水傀儡。源出三国时的"水转百戏"和隋时的"水饰"。南宋大为改进，舞台设于船上，木偶表演钓鱼、划船、筑球、击球、舞旋等伎艺，完全效真人所为，并能配合技巧动作念"致语"相唱和。范成大《上元纪吴中节物俳谐体三十二韵》诗"旱船遥似泛，水傀近如生"即指这种水傀儡。（4）肉傀儡。《都城纪胜·瓦舍众伎》云："肉傀儡，以小儿后生辈为之。"一般认为是幼童在大人的托举下表演各种技艺和戏剧。但也另有几种说法：一是在民间迎神赛会中的"抬阁"，以白皙小儿扮为戏剧故事人物，或坐或立，装以木座由人肩抬而行，似可视为"肉傀儡"；二是旧皮黄班上所演的灯戏三百六十行的穿插中有一"木头人戏"，以人装作傀儡，动作滑稽，疑其与"肉傀儡"有关；三是"布袋木偶"的别称，"布袋木偶"由艺人以手伸入袋内操纵。南宋傀儡戏也以敷演故事为主。《梦粱录》卷二〇《百戏伎艺》载："凡傀儡，敷演烟粉、灵怪、铁骑、公案、史书历代君臣将相故事话本，或讲史，或作杂剧，或如崖词。"可见南宋傀儡戏在扮演故事题材的范围上是相当广泛的，在"百戏"中的地位不下于俳优所演的杂剧。影戏也叫"弄影戏"，即皮影戏。也有人把平面的影戏称为"平面傀儡"，属于傀儡戏的范畴。影戏始于北宋初年，由说书衍变而来，南宋时更为盛行。据《都城纪胜·瓦舍众伎》，影戏在南宋时已盛行于瓦舍勾栏。为了与其他伎艺争胜，除制作精美外，它还讲求剧本创作、人物造型及迎合市民审美趣味。影戏艺人还有一套说书本领。《都城纪胜·瓦舍众伎》载："其话本与讲史书者颇同。大抵真假相半，公忠者雕以正貌，奸邪者与之丑貌，盖亦寓褒贬于市俗之眼戏也。"傀儡戏、影戏与南戏一同流行，相互影响。南戏吸收了傀儡戏、影戏的某些伎艺，而傀儡戏、影戏则从南戏中吸收大量表演技艺和剧目等。

由于傀儡戏、影戏的发展，宋代特别是南宋时期，说话依图叙事反倒日渐稀少。但这并不等于说话已摆脱了依相思维。说话人在讲唱表演过程中，为求得故事情节的清楚传达、动作场面的直观表现，往往用自己的形貌肢体做出一些模拟性、程序性动作，以配合言语讲唱，以超语言的动作表现来传达故事信息，渲染场上气氛，调动"看官"的各种感觉。如宋末罗烨《醉翁谈录》甲集卷一《舌耕叙引》之《小说开辟》所说："举断模按，师表规模，靠敷演，令看官清耳……讲论处不滞搭，不絮烦；敷演处有规模，有收拾。"说话人的"敷演"

图 2-04 北宋傀儡戏铜钱（私人藏）

包括模拟人物的声口、表情、动作，以及故事的场面、景象，它们对言语讲唱起到了有益的辅助作用。这或也是"讲演"一词的本义。罗烨称说话伎艺有"讲论处"和"敷演处"，王国维《宋元戏曲史》言宋代小说家说话"以讲演为事"。在傀儡戏、影戏和说话三种伎艺中，假人的有无只是表面的区别，其实它们在表演时都运用了假人模拟或真人模拟等形象性的辅助。也就是说，它们在依相叙事思维上是相同的，只是所表现的形式不同而已。变文表演中的讲唱者与"相"在形体上是分离的，而说话中的讲唱者与"相"在形体上则是合一的。相对于变文表演中"相"有独立的形体，说话的"相"在形体上消失了，但是"相"的功能并未消失，"相"与故事讲唱者的关系未变，依相叙事的思维未变，只是以一种更为隐蔽的形态表现出来罢了。

今人孙楷第《近世戏曲的唱演形式出自傀儡戏影戏考》一文指出："凡中国伎艺之以扮唱故事讲唱故事为主者，语其源皆出于唐之俗讲。唐之俗讲，其特征有二：一、其词为偈赞词。二、其音为梵奏……后世讲唱故事自俗讲出者，如宋之说话、元明之词话及今之弹词鼓儿词是。此皆以偈赞之词写梵

图 2-05 宋傀儡戏纹青铜镜（中国国家博物馆藏）

❶ 孙楷第：《近世戏曲
的唱演形式出自傀儡
戏影戏考》，载孙楷第
《沧州集》（孙楷第文
集）卷三，中华书局
2009 年版。

奏之音者也……后世扮唱故事自俗讲出者，如宋之傀儡戏影
戏是。此等戏与说话较，唯增假人扮演为异，其话本与说话人
话本同，实讲唱也。"❶孙楷第将俗讲、傀儡戏、影戏、说话诸
伎艺放在一条联系脉络上，认为宋元以来之南曲戏文和北曲
杂剧的唱演形式皆出自傀儡戏、影戏，并指出它们之间的联
系点是故事讲唱。宋代百戏杂陈，其主线是说话的衍化。这种
衍化是宋代新的生活内容和多种伎艺综合融汇的结果。

宋代诸色伎艺的勃兴也与专业行会的形成和发展有关。
商品经济的发展催生了市民意识和市民阶层。工商业领域
"行""团""作"等各种形式的行业组织大量出现，是宋代
市民社会形成的重要表征。当时文化娱乐业"社""会"之
类行业组织较为常见。其中"社"大多为演艺人员组织，如
绯绿社（杂剧）、齐云社（蹴鞠）、遏云社（唱赚）、同文社

图 2-06 北宋张择端《清明上河图》说书场景（故宫博物院藏）

（耍词）、角抵社（相扑）、清音社（清乐）、锦标社（射弩）、锦体社（花绣）、英略社（使棒）、雄辩社（小说）、翠锦社（行院）、绘革社（影戏）、律华社（吟叫）、云机社（撮弄），还有蹴鞠打球社、川弩射弓社、小女童象生叫声社、射弓踏弩社、射水弩社、傀儡社等；"会"则是从事市民文学艺术创作的文人组织，如永嘉书会、九山书会、古杭书会、武林书会等。这些文化组织少则数十人，多则几百人。与行、作组织相比，社、会更少，且受政府干预，民间组织的特征更强，其功能是以群体力量在激烈的文化演艺市场中增强竞争力，同时规范个体行为。加入行、社、会组织的个体在经营上是自由的，但互相之间结成了利益共同体。虽然其成员的群体自主意识没有上升到完全自觉的程度，但已越来越多地以群体的方式处理与官方和社会的关系。由于市场机制的作用，当时的官僚或士阶层也不断加入各种商业集团或社会组织。而地主、农民则有了与市民相对的社会阶层性质。以"重商"为核心的市民思潮和具有大众化、世俗化特征的市民文化的兴起，对长期以来作为城市意识形态主流的儒家思想和士人文化产生多方面冲击。从更广阔的视野来看，市民阶层的兴起使城市文明逐渐突破农耕文明汪洋中"孤岛"的格局向全社会扩散。以工商业为核心的市民经济的壮大，不仅使城市经济活动越出城墙向郊区扩展，从而打破了城乡之间泾渭分明的空间界线，而且以市场活动和商品流通的形式向小农经济的内部渗透，成为各式市镇在农村地区广泛兴起的外在动力。同时，市民文化的兴盛，带来社会文化的一系列调整，最突出的表现是在以士人文化平民化和世俗文化高雅化为基础的文化重心转移。

二、说话与拟说话

说唱艺术在中国历史悠久，萌芽于先秦，孕育于南北朝，形成于隋唐，而大盛于宋元明清。唐宋时说话伎艺逐渐成熟，并在宋代成为一种极为突出的民间文化现象，对后世的小说、戏曲、绘画等艺术影响巨大。"说话"的"话"，犹言"故事"，名词，后或加语缀"子"。宋代文献在这个意义上的用法很多。例如南宋王明清《挥麈余话》卷二云："东坡一见云：'某记得一小话子。昔有人发家，极费力，方透其穴……'"孙楷第《说话考》一文指出："话有排调假谲意……凡事之属于传说不尽可信，或寓言譬况以资戏谑者，谓之话。取此流传故事敷衍说唱之，谓之说话。业此者谓之说话人。'说话'乃隋唐以来习语，不始于宋。""说话"是一种以讲故事为主的娱乐性伎艺，在讲述表演之中包含着某种历史观和伦理观。

　　宋代说话伎艺十分兴盛，北宋仁宗、徽宗和南宋高宗都是说话的爱好者，他们推动了说话伎艺的发展。北宋说话艺人一般以个体的形式进行表演活动，传承的方式也仅限于师徒之间的口耳相传；南宋时艺人组成了行会组织如雄辩社，使说话伎艺的专业化水平进一步提高，并取得了市场竞争优势。南宋因取消教坊，后在宫廷特设供奉局，从民间召集技艺超群的说话艺人进入宫廷献艺，即所谓"御前供话"。《武林旧事》卷七《乾淳奉亲》载："上侍太上于椤木堂香阁内说话，宣押棋待诏并小说人孙奇等十四人下棋两局，各赐银绢。"雄辩社还有"市头"为说话人承揽表演业务。说话行业还出现了专门编写话本的组织书会，著名的如永嘉书会、九山书会、古杭书会、武林书会、玉京书会、元贞书会、敬先书会等。编写者被称为书会先生，《武林旧事》等著作中有关于书会先生的记载。书会中有才学者被称为"才人"，社会地位较高者则称为"名公"。专业化表演、新型行会组织、高素质创作队伍的出现，皇室的大力推崇以及市民阶层的热烈追捧，让宋代说话的演出规模、普及程度和艺术水平较唐代有了质的飞跃。可以说宋代是说话伎艺发展的黄金时期。

南宋文献中有所谓"说话四家"的说法。文字最详者有两条，首见于《都城纪胜·瓦舍众伎》："说话有四家：一者小说，谓之银字儿，如烟粉、灵怪、传奇。说公案，皆是搏刀赶棒及发迹变泰之事。说铁骑儿，谓士马金鼓之事。说经，谓演说佛书。说参请，谓宾主参禅悟道等事。讲史书，讲说前代书史文传、兴废争战之事。最畏小说人，盖小说者能以一朝一代故事，顷刻间提破。合生与起令、随令相似，各占一事。商谜，旧用鼓板吹《贺圣朝》，聚人猜诗谜、字谜、戾谜、社谜，本是隐语。"其中明确提到了"说话四家"，但表述含混不清。《梦粱录》卷二〇《小说讲经史》承袭其说："说话者谓之'舌

图 2-07 河南省温县西关宋墓出土北宋杂剧、散乐人物雕砖（河南博物院藏）

辨'，虽有四家数，各有门庭。且小说名'银字儿'，如烟粉、灵怪、传奇、公案、朴刀杆棒、发发踪参（当为'发迹变泰'）之事，有谭淡子、翁二郎、雍燕、王保义、陈良甫、陈郎妇枣儿、余二郎等，谈论古今，如水之流。谈经者，谓演说佛书。说参请者，谓宾主参禅悟道等事，有宝庵、管庵、喜然和尚等。又有说诨经者，戴忻庵。讲史书者，谓讲说《通鉴》、汉唐历代书史文传，兴废争战之事，有戴书生、周进士、张小娘子、宋小娘子、邱机山、徐宣教；又有王六大夫，元系御前供话，为幕士请给讲，诸史俱通，于咸淳年间，敷演《复华篇》及中兴名将传，听者纷纷，盖讲得字真不俗，记问渊源甚广耳。但最畏小说人，盖小说者，能讲一朝一代故事，顷刻间捏合，与起令、随令相似，各占一事也。商谜者，先用鼓儿贺之，然后聚人猜诗谜、字谜、戾谜、社谜，本是隐语。"这段文字与《都城纪胜》

如出一辙。后来《西湖老人繁盛录》《武林旧事》《应用碎金》等中的相关记载也大同小异。研究南宋说话"家数"的依据大多不出上述两书，但是众说纷纭，难有定论。学术界由此形成了几种不同的分类意见。老一辈学者大多肯定《都城纪胜》"说话有四家"之说，但具体的分类主张不尽相同。最具代表性的有以下三种：第一种：小说（银字儿、说公案、说铁骑儿）；谈经、说参请、说诨经；讲史；合生、商谜。第二种：银字儿（烟粉、灵怪、传奇）；说公案、说铁骑儿；说经、说参请、说诨经；讲史。第三种：小说即银字儿（烟粉、灵怪、传奇、说公案）；说铁骑儿；说经、说参请、说诨经；讲史。

说话源于佛经俗讲，话本出自变文。受印度佛经韵散结合文体的影响，说话乃至整个中国民间文学都具有韵散化形式。现存宋代话本主体是散文，但除了散叙外还有别的表现方式。《醉翁谈录》甲集卷一《舌耕叙引》之《小说开辟》云："曰（白）得词，念得诗，说得话，使得砌。"其中"说"就是散说，而"曰""念"与"说"有所不同。《花灯轿莲女成佛记》"入话"八句诗后，接着说："却才白过这八句诗是大宋皇帝第四帝仁宗皇帝做的。""白"自然不是唱，说"白"

而不言"说"，则"白"与"说"也不同。戏剧里面曲中夹白，这宾白是诵的。说话伎艺中的"白"当与戏剧中的宾白一样需要念诵。除了念诵外，还歌唱。如《刎颈鸳鸯会》中每一段落之后有"奉劳歌伴，先听格律，后听芜词"或"奉劳歌伴，再和前声"的话，接下去还有韵语一段，说明说话说中夹唱。但从现存的宋代话本来看，需要唱的极少。宋代说话的主要叙事方式是说、诵相间，韵散兼用的现象俯拾即是，如在叙述中引诗词亦即"有诗为证"的情况比较普遍。说话的开篇一般要诵诗词，称为"入话"。结尾部分也多使用诗词总结全篇，点明题旨。主体部分即正话则几乎是散说一段必有一次韵语的念诵。韵语的使用，一是与情节发展有关，可以是提起下文，可以是转折，可以是总结，更多的是故事进行中对某事的慨叹；二是与人物描写有关，对人物情绪、命运、手艺等进行评赞，而且并不只限于主要人物；三是与描写景物有关，借以烘托气氛；四是与男女欢会有关。有人说话本中的诗歌是说话艺人的婢女，并没有发挥它们应有的作用，而实际上它们是说话的一种韵律机制，可以增强表达的节奏感或音乐性，因而成为说话的一种艺术程式或叙事特点，即说话的美学形式特征。入话之后，韵语往往用以慨叹人物命运或某种不好结局，然后对天气、节气或其他景物歌咏，再对人物进行韵语描写，此后在故事的转折处又再使用。如此反复，直到结尾。伎艺高超的说话者可以此顷刻间的"提破"，将故事材料塞进现成的套路中立马进行表演。但更高水平的韵语运用却是与内容交融为一体的。《快嘴李翠莲记》是绝妙的韵散结合的话本，它使用的韵语套语很少，做到少而新，精而当。《拗相公》中习用韵语很少，所用以与刻画对象拗相公相切合的诗为主。

说话与诸宫调、杂剧等植根于相同的文化土壤，它们在当时的市场中既相互竞争，又相互借鉴。诸宫调是宋元时期较为流行的大型讲唱文学，由不同的歌唱单位构成，杂以说白，敷演长篇故事。说话的叙事方式对诸宫调有一定的影响，如董解元《西厢记诸宫调》开头的"说白"即采用说话的表现手法："此本话说：唐时这个书生，姓张名珙，字君瑞，西洛人也。从父宦游于长安，因而家焉。父拜礼部尚书，薨。五七载间，家业零替。缘尚书生前守官清廉，无他蓄积之所致也。珙有大志，二十三不娶。"如前所述，说话是戏曲的主要渊源。

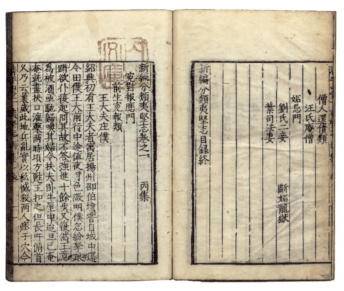

图 2-08 南宋叶祖荣辑、洪迈撰《新编分类夷坚志》明嘉靖二十五年（1546）清平山堂刊本

王国维《宋元戏曲史》第三章《宋之小说杂戏》云："宋之小说，则不以著述为事，而以讲演为事。""此种说话，以叙事为主，与滑稽剧之但托故事者迥异。其发达之迹，虽略与戏曲平行，而后世戏剧之题目，多取诸此，其结构亦多依仿为之，所以资戏剧之发达者，实不少也。"❶

　　唐传奇不论写人写怪，都以"某传""某记"为题，布局谋篇、叙事语言上则往往采用史传的手法，明确交代故事发生的时间、地点，甚至标注年号，故意给读者营造一种真实的感觉。这种方法也被说话继承下来，不仅明显地反映在"得其兴废，谨按史书"的讲史中，也表现在烟粉、灵怪、传奇、铁骑儿等类的小说中。另一方面，传奇因为受到同时代说话艺术的影响也发生了变异。有人认为宋代传奇可分为两类：一是从唐传奇一脉延伸出来的宋传奇，二是在说话基础上产生

❶ 王国维：《宋元戏曲史》，岳麓书社 2010年版。

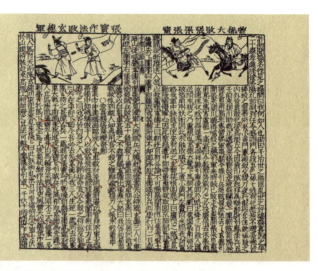

图 2-09 明罗本撰《新刻考订按鉴通俗演义全像三国志传》明天启三年（1623）黄正甫刻本（中国国家图书馆藏）

的话本体传奇。它们因审美趣味的不同而各具神韵。宋代说话与志怪小说也有借鉴模仿关系。《醉翁谈录》甲集卷一《舌耕叙引》之《小说开辟》所说"《夷坚志》无有不览，《琇莹集》所载皆通"，表明洪迈的《夷坚志》在当时就已经成为说话人的必读书了。《夷坚志》除了作为说话的渊薮外，更重要的是其题材来源、创作方式、审美趣味、语言方式的通俗化与说话的同声相应、同气相求。《夷坚志》的素材来源是"闻"，故事直接或间接地出自街谈巷语，以市井里巷的平民百姓生活为描述对象，是市井口语与文人创作双向交流互动的果实，代表了小说直接取材于现实并向世俗化、市民化拓展的倾向。上述《小说开辟》在夸赞说话人的口才时说："吐谈万卷曲和诗。""论才词有欧、苏、黄、陈佳句；说古诗是李、杜、韩、柳篇章。"可见说话的曲化或词化倾向。

　　说话是在多种艺术的滋养下形成的，而它的形成又推动或促成了其他艺术的发展。在某种意义上可以说，中国宋代以后的大部分文学创作都是拟话本创作。说话对后世的话本小说、章回小说和现代小说影响尤大，具有小说文体开创意义。话本小说、章回小说的作者虽然都已远离了说书场，但在创作中仍然自觉地遵循着说话伎艺的艺术规律。大部分宋元话本的标题直接承袭于说话而以人名、情节、道具、地点命名，多为简略的二言或四言，口头文学色彩浓厚，又频频出现"话说""却说""话本说彻，权作散场"的习惯性套语，而开头的"入话"则明显地源自说话艺人等待听众兼有静场作用的招数。章回小说篇幅长，动辄数十万、上百万字，情节也分成大体相当的段落，有明显的分回标目形式。这种特色独具的形式，与说话中的讲史门类有直接的关系。《醉翁谈录》甲集卷一《舌耕叙引》之《小说开辟》云，讲史"谈话头动辄是数千回"，内容浩繁，不像话本小说那样"顷刻间提破"，艺人只能采取分段的方式一回一回地讲述。为了吸引听众，每每制造悬疑，在故事的紧要关头突然打住，宣称"欲知后事如何，且听下回分解"。宋代说话名目中有专说三国故事的"说三分"，还有专说三国故事的艺人霍四究。明高儒《百川书志》卷六《史部·野史》评价罗贯中"编次"的《三国志通俗演义》时说："据正史，采小说，证文辞，通好尚，非俗非虚，易观易入，非史氏苍古之文，去瞽传诙谐之气，陈叙百年，该括万事。"又如，水浒英雄的故事更是说话艺人常讲常新的篇目。《水浒传》既展现了说话人腾挪变化的叙事辩才，又融合了文人谋篇布局的审美智慧。一些主要人物如林冲、武松和鲁智深都被用相对集中的笔墨刻画。林冲误入白虎堂、发配沧州道、风雪山神庙、雪夜上梁山等故事，武松景阳冈打虎、斗杀西门庆、醉打蒋门神、大闹飞云浦、血溅鸳鸯楼等故事，鲁智深拳打镇关西、大闹五台山、倒拔垂杨柳、大闹野猪林等故事，紧锣密鼓地连续推出，形成有名的"林十回""武十回"等块状结构。《醉翁谈录》所列公案类有石头孙立，朴刀类有青面，杆棒类有花和尚和武行者，与《水浒传》的描述十分一致。说话韵散结合的叙事体制也被小说全盘吸收。《三国演义》开篇就引入了明人杨慎的《弹词》，表明作者"是非成败转头空""古今多少事，都付笑谈中"的生活观念。《水浒传》则每回都有回后诗。《红楼梦》更是广泛地运用诗词曲赋刻画人物性格，用灵动别致的诗表现林黛玉情感的清幽绝

图 2-10 《水浒传》蓝本《新编宣和遗事》南宋刊本

俗,用含蓄浑厚的诗表现薛宝钗隐忍曲承的气质,用洒脱清新的诗表现史湘云英豪爽朗的性格等。

三、中国人的戏曲

北宋后期,北方的宋杂剧随着金朝势力的不断扩大逐渐形成金院本,金院本又吸收北方各民族丰富的艺术养料,最终定型为元代北曲杂剧。而随着宋王朝的南迁,一部分宋杂剧也流布江南。这些宋杂剧与当地的"村坊小曲"和民间歌舞结合,又形成在戏剧艺术上具有质的飞跃和突破的新的戏剧样式,这就是"戏文"。周密《癸辛杂识》别集上《祖杰》有"乃撰为戏文,以广其事"的记载。周密和祖杰均为宋末元初人。戏文是中国最早成熟的具有完整戏剧意义的戏曲形式。它通过对音乐、舞蹈、说唱等艺术的综合运用,演绎具有一定长度的完整故事。宋末刘埙《水云村稿》之《词人吴用章传》云:"吴用章,名康,南丰人。生宋绍兴间,敏博逸群。

课举子业，擅能名而试不利。乃留情乐府，以舒愤郁。当是时，去南渡未远，汴都正音，教坊遗曲，犹流播江南……不知又逾几年而终，子孙无述焉，悲哉。用章殁，词盛行于时。不惟伶工歌妓以为首唱，士大夫风流文雅者，酒酣兴发，辄歌之。由是与姜尧章之《暗香》《疏影》，李汉老之《汉宫春》，刘行简之《夜行船》，并喧竞丽者，殆百十年。至咸淳，永嘉戏曲出，泼少年化之，而后淫哇盛，正音歇，然州里遗老，犹歌用章词不置也，其苦心盖无负矣，用章善谑，尝坐系，得释。或询以狱中风景，用章怃然曰：种种不便，闻者绝倒。"这是现知"永嘉戏曲"名称最早见之于记载的，也是中国"戏曲"一词最早见之于记载的。

南宋戏曲在元代被普遍地称为"戏文"或"南戏"，或称"南曲""南曲戏文""南戏文"等，此外尚有"南词""院本""杂剧""传奇""鹘伶声嗽"等称谓。因首出温州，又称"温州杂剧""永嘉杂剧"。元初关汉卿的杂剧《望江亭》第三折中也提到"南戏"："《马鞍儿》（李稍唱）想着、想着跌脚儿叫，（张千唱）想着、想着我难熬，（衙内唱）酪子里愁肠酪子里焦。（众合唱）又不敢着傍人知道，则把他这好香烧、好香烧，咒的他热肉儿跳！（徜内云）这厮每扮南戏那！
（众同下）"元末夏庭芝《青楼集》则云："龙楼景、丹墀秀，
皆金门高之女也，俱有姿色，专工南戏。"也有人认为"南
戏"语义最初含有贬义，是元人以统治中心自居而对宋代以
降戏文的贬称。今人钱南扬《戏文概论》和张庚、郭汉城《中
国戏曲通史》承前人之说认为南戏发源于浙江温州，徐朔方
《南戏的特点和流传地区》《曲牌联套体戏曲的兴衰概述》等
文从文献考证方面提出反对意见。刘念兹则在实地考察古老
剧种后支持了南戏发生多点论，认为南戏在闽浙两省沿海一
带同时出现。孙崇涛《中国南戏研究之检讨》一文将温州南
戏看作"源"，而将其他地区的南戏看作"流"。一般认为，南
宋初年出现的温州杂剧是南戏的萌芽。南宋光宗朝被禁演的
"戏文"是南戏正式形成的标志。明祝允明《猥谈》一书云：
"南戏出于宣和之后，南渡之际，谓之温州杂剧。"写于明万
历初年的周祈《名义考》一书云："南戏出于宣和之后，南渡
时谓之温州杂剧。后渐转为余姚、海盐、弋阳、昆山诸腔矣。"
明徐渭《南词叙录》则云："南戏始于宋光宗朝，永嘉人所作
《赵贞女》《王魁》二种实首之。故刘后村有'死后是非谁管

得，满村听唱蔡中郎'之句。或云：宣和间已滥觞，其盛行则自南渡，号曰'永嘉杂剧'，又曰'鹘伶声嗽'。其曲则宋人词而益以里巷歌谣，不叶宫调，故士大夫罕有留意者。"按徐渭的意思，永嘉杂剧（温州杂剧）是南戏之源，但永嘉杂剧不等于南戏。南戏萌芽于南渡以来盛行的永嘉杂剧，南戏的正式形成则在光宗朝。温州杂剧的基本形态无确凿的文献记载，只有《南词叙录》两处提到它的文体和音乐特征："其曲则宋人词而益以里巷歌谣，不叶宫调。""永嘉杂剧兴，则又即村坊小曲而为之，本无宫调，亦罕节奏，徒取其畸农、市女顺口可歌而已，谚所谓'随心令'者，即其技欤？"但这两句话相互有矛盾：既然永嘉杂剧"即村坊小曲而为之"，又怎么会"其曲则宋人词而益以里巷歌谣"？可能永嘉杂剧初起时为"村坊小曲"，吸收了宋词而成了"里巷歌谣而益以宋人词"，后来由于书会才人编撰戏文增多，发展成为徐渭所说的"宋人词而益以里巷歌谣"。许多研究者根据徐渭的说法得出温州杂剧起源于民间歌舞小戏这个结论，而且似乎成为戏曲史界的主流看法，但这个观点值得商榷。徐渭上书成于明嘉靖三十八年（1559），离宋室南渡已有 400 多年，他对永

图 2-11 四川省泸县新屋嘴村一号宋墓瓦舍勾栏戏曲表演砖雕（泸县宋代石刻博物馆）

嘉杂剧所用的"村坊小曲""里巷歌谣"大概主要是对剧本曲牌分析得出的结果，或得之于传闻。但戏曲艺术是综合性艺术，光有载歌载舞的"里巷歌谣""村坊小曲"或者加上宋人词调的演唱，尚不足以构成戏曲艺术。今人刘念兹《南戏新证》一书虽然也认为南戏来源于南方的民间歌舞小戏，但同时又说："南戏是北宋时期流行在广大北方地区的杂剧艺术传播到南方以后，和当地的民间艺术结合而发展起来的一种戏剧艺术。"不管此论是否符合实际，可以肯定的是南戏是一种吸收了多种艺术要素的综合性艺术。温州杂剧起初仍是兼有歌舞、滑稽、说唱等艺术表演的"杂剧"，后来演而为戏文时才变成以扮演人物、表演故事为特征的代言体戏剧。南戏是以温州杂剧为基础，利用宋杂剧、宋杂扮、大曲、诸宫调、

图 2-12　南宋佚名《眼药酸图》（故宫博物院藏）

唱赚等百戏伎艺的有效元素，再结合当地盛行的民间歌舞、说唱和宋词歌吟，通过"以歌舞演故事"而形成的综合艺术。

南戏已形成了戏曲的基本文体特征：一是演员扮演人物当众表演构成了代言体特征；二是以演员的语言、动作、歌舞来演述故事，具有叙事性特征；三是保持并强化了诗剧（剧诗）特点，以曲而歌使其具有强烈的抒情性。代言体、叙事性和抒情性三者的有机融合使得南戏既有别于说话、诗歌，又有别于西方戏剧，而具备了中国古代戏剧的主要特质。其美学特征体现在如下方面：第一，南戏为多种伎艺综合，已有别于角抵戏、歌舞戏、参军戏、宋杂剧、傀儡戏、影戏、目连戏等初级戏文，跃入了高级戏文之列。南戏已经完全具备了作为大型综合性戏剧的规模，熔歌唱、舞蹈、念白、科范、音乐于一炉，以唱、念、做、舞等为表现手法。文学、音乐、舞蹈、造型等多种艺术成分和表现手段在南戏中都已经具备，且各艺术成分已较为有机地融合在一起。第二，与宋金杂剧、金元院本之简短散杂不同，南戏有完整曲折的情节，以代言体综合演绎长篇故事。南戏场次多，一般长达数十出，与元杂剧（北杂剧）的四折加楔子固定结构有很大不同。第三，在剧本规格、角色体制、音乐格律、虚拟表演以及表演语言、化装和服饰等方面都有形制，审美要素已比较完整。据《南词叙录》所说，初兴时"即村坊小曲而为之，本无宫调，亦罕节奏，徒取其畸农、市女顺口可歌而已，谚所谓'随心令'者，即其技欤？……多见其无知妄作也"。可是南宋中后期的《张协状元》已不存在这种现象。至《琵琶记》出，则已见独特而成熟的艺术体制。据《南词叙录》等书可知，南戏的角色有七个，即生、旦、外、贴、净、丑、末。这种行当体制当是在温州杂剧的基础上发展而成的，只是温州杂剧的行当可能没有这么多。南戏中的生、末、净三个行当可能源自宋杂剧的末泥、副末、副净，丑、外、旦这三个行当可能源于宋杂扮的酸、孤、旦，贴则是戏文出现之后产生的。南曲联套以一个宫调统辖若干

图 2-13 浙江省台州市黄岩区灵石寺塔北宋杂剧表演砖雕拓片

曲牌, 曲牌又分引子、过曲、尾声三类, 体式应用已相当熟练。

南戏发生、发展、流传的时间主要是宋元时期, 下限一般至明昆山腔兴起。昆山腔将《浣纱记》搬上舞台后, 学术界一般便认称其后为明传奇, 不再称南戏。虽然此后一些地方仍有南戏编演, 但毕竟已是强弩之末。南戏蓄藏着深厚的江南文化底蕴和丰富的江南文化精神, 主要流行于浙江及周边地区。现知南宋的九个南戏剧本中有六个为温州人所作。其中《赵贞女蔡二郎》《王魁》系永嘉人作, 《张协状元》为九山书会才人所编, 《王焕》为临安太学黄可道作。据元刘一清《钱塘遗事》记载, 南宋时《王焕》曾盛演于临安。《乐昌分镜》作者未明, 据元周德清《中原音韵》记载, 南宋时临安曾演此戏, 唱杭州腔。

温州在南宋时具有特殊的政治地位。由于它是浙江连接福建的通道，宋高宗南渡后先逃到温州，如形势恶化拟再逃往福建沿海。一开始宋太庙设在温州，此地一度成为宋宗室贵戚聚居地，各色伎艺人也多汇集于此。而温州当地原本也有十分丰富的"歌舞"、引人入胜的"故事"流传。南戏音乐起源于温州的一种地方声腔，这种声腔明人称作"温州调"，明程敏政《篁墩文集》卷七《饮张挥使家观戏》有"锦棚曲奏温州调"可证。南戏的产生与温州地方风俗也有很大关系。明胡宗宪、薛应旗等修纂《嘉靖浙江通志》卷六五《杂志》云"瓯俗多敬鬼乐祠"，又清孙衣言《瓯海轶闻》卷一六《风俗》言温州自隋唐以来就以"尚歌舞"著称。

署名九山书会的《张协状元》是现存最早的完整的南戏作品，被称为南戏活化石。《张协状元》因载于《永乐大典》卷一三九九一而得以保留至今。其故事梗概：四川书生张协进京赴考途中遇盗，衣食无着，幸得寄居古庙的贫女相救，乡邻大公撮合二人结为夫妇。张协赴考得中状元，贫女上京投靠张协，却被拒之门外。贫女含冤返回古庙，张协复赶至古庙将贫女杀伤，赖枢密使王德用相救。此前王德用欲招赘张协被拒，其女王胜花一病不起。王德用收贫女为义女，并以许张协，

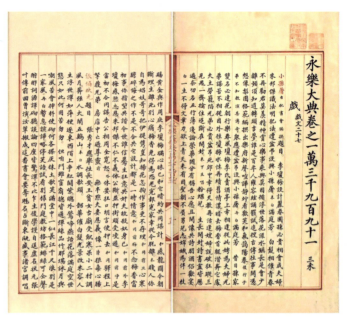

图 2-14 《永乐大典》卷一三九九一《戏（戏文二十七）》刊现存最早的南戏剧本
《张协状元》

张协欣然受命。洞房之夕，贫女痛斥张协负心。经大公等人劝
解，二人言归于好。《张协状元》人物多达 40 多个，剧情繁
复，冲突迭起。《张协状元》借第一、二出角色之口，交代了
九山书会改编该部戏文的缘由。第一出："（末上白）【水斗调
歌头】韶华催白发，光景改朱容。人生浮世，浑如萍梗逐西东。
陌上争红斗紫，窗外莺啼燕语，花落满庭空。世态只如此，何
用苦匆匆。但咱们，虽宦裔，总皆通。弹丝品竹，那堪咏月与嘲
风。苦会插科使砌，何吝搽灰抹土，歌笑满堂中。一似长江千
尺浪，别是一家风。（再白）【满庭芳】暂息喧哗，略停笑语，
试看别样门庭。教坊格范，绯绿可同声。酬酢词源浑砌，听谈
论四座皆惊。浑不比，乍生后学，谩自逞虚名。《状元张协传》，
前回曾演，汝辈搬成。这番书会，要夺魁名。占断东瓯盛事，诸

图2-15 浙江省温州市复建的九山书会遗址公园戏台

宫调唱出来因。厮罗响,贤门雅静,仔细说教听。(唱)"第二出:"【烛影摇红】烛影摇红,最宜浮浪多忾戏。精奇古怪事堪观,编撰于中美。真个梨园院体,论诙谐除师怎比?九山书会,近目翻腾,别是风味。一个若抹土搽灰,逐枪出没人皆喜。况兼满坐尽明公,曾见从来底。此段新奇差异,更词源移宫换羽。大家雅静,人眼难瞒,与我分个令利。"从中可知,九山书会的先生有的祖上当过官,他们有各种艺术才能,演出风格倾向幽默搞笑。当时温州书会众多,常互相竞比。他们改编市面上流行的《状元张协传》,信心满满地要"占断东瓯盛事",还打算与都城临安的著名剧社绯绿社一比高下。

中国传统戏曲的对话是音乐性的,动作是舞蹈性的。歌和舞决定了戏曲的外在形式要远离生活、变异生活,使之更具超越生活的节奏、韵律、和谐之美。但它所表现的内容又是生活化的、不能脱离生活的,并且寄寓人的生活理想,所以往往从悲剧开始而以喜剧结束。从分离走向团聚,从穷困走向亨通，以"大团圆"结局。这种特色从宋代戏曲产生时就有，如《张协状元》《乐昌分镜》《赵贞女蔡二郎》（也包括以《赵贞女蔡二郎》故事为原型后来改良而成的元南戏传奇《琵琶记》）都写负心郎痴情女或因国难分离的痴男怨女，最后大多是破镜重圆。正如王国维《〈红楼梦〉评论》所说："吾国人之精神，世间的也，乐天的也，故代表其精神之戏曲、小说，无往而不著此乐天之色彩：始于悲者终于欢，始于离者终于合，始于困者终于亨。"

四、为君歌舞君饮酒

宋代歌舞在唐代的基础上有所发展，因宫廷内外之分逐渐被打破最终完全世俗化。歌舞是一种集音乐、舞蹈、诗歌等多种艺术手段于一体的综合艺术形式。宫廷内的歌舞包括宫廷祭祀、朝贺、宴享典礼以及日常生活中的歌舞，分为雅乐歌舞和燕乐歌舞两大类。宋代雅乐歌舞与唐代一样以文、武二舞为主，历经了多次改制和易名，后因舞容丧失、乐器和乐工缺少等问题而逐渐没落。宋代宫廷燕乐歌舞出现了新的综合性

图 2-16 四川省泸县新屋嘴村一号宋墓瓦舍勾栏舞蹈表演砖雕（泸县宋代石刻博物馆藏）

表演形式，这是一种以大曲为基础，将歌唱、器乐、舞蹈、诗歌、朗诵等多种表演元素结合而成的具有某种固定程式的歌舞。诗、乐、舞三位一体的综合性，基本结构固定不变的程式性，以及表演者职司的明确性，是其鲜明特征。南宋时在此基础上还形成了带有情节叙述的故事歌舞。这种故事歌舞为歌、舞、剧结合的戏曲形成打下了基础。南宋民间歌舞形式多样，并与其他伎艺更多地融合在一起。宝祐年间（1253—1258）画院待诏朱玉所画的《灯戏图》描绘了临安元宵节舞队的表演场景。图中的舞队以牌楼屏风为界，由班首、舞蹈表演者和乐队多个部分组成。从布局来看，整幅图中有两支舞队，屏风前的舞队表演者有 13 人，扮演各种不同的角色，动作表情各异。

　　宋代歌舞在继承前代传统的过程中经历了两次转型。第一次转型在北宋早期，在继承唐、五代大型队舞体制的基础上进行演出机制创新,形成了一套规范的演出程式,编制相对固定的队舞名目,并规定相应的演出时间和场合。北宋后期至宋室南渡实现第二次转型。因教坊编制一再缩减,且时有废立,队舞名目逐渐消弭于宫廷。南宋宫廷因无力维持庞大的乐舞机构,朝贺大典一般也临时到民间去雇请艺人表演,称为"和顾"。乾道、淳熙年间(1165—1189),教坊乐部所列各种艺人名单中临时雇佣的人数很多。南宋的宫廷歌舞或纯舞蹈发展不多,但在民间或通俗歌舞方面较有建树。一些宫廷演出形式也在贵族、大夫之家以不同方式流传下来,并被精致化改造。这种非宫廷化的队舞演出人数一般以五人为主,与北宋动辄上百人差距悬殊。北宋时的演出含有较多政治功利目的,南宋逐渐转变为纯粹的艺术欣赏或娱乐,因而增加故事情节以丰富内容,并增强了抒情性。

南宋较盛行的是瓦舍歌舞。瓦舍歌舞带有很强的娱乐性,形式不拘,往往与戏曲或百戏掺杂在一起。当时民间盛行"社火",即传统庆典狂欢活动,其中便有综合性很强的民间歌舞表演。《武林旧事》《梦粱录》等文献以"舞队"来指涉民间歌舞。《武林旧事》卷二《舞队》云:"大小全棚傀儡:查查鬼（查大）、李大口（一字口）、贺丰年长瓠敛（长头）、兔吉（兔毛大伯）、吃遂、大憨儿、粗旦、麻婆子、快活三郎、黄金杏、瞎判官、快活三娘、沈承务、一脸膜、猫儿相公、洞公觜、细旦、河东子、黑遂、王铁儿、交椅、夹棒、屏风、男女竹马、男女杵歌、大小斫刀鲍老、交衮鲍老、子弟清音、女童清音、诸国献宝、穿心国入贡、孙武子教女兵、六国朝、四国朝、遏云社、绯绿社、胡安女、凤阮嵇琴、扑蝴蝶、回阳丹、火药、瓦盆鼓、焦锤架儿、乔三教、乔迎酒、乔亲事、乔乐神（马明王）、乔捉蛇、乔学堂、乔宅眷、乔像生、乔师娘、独自乔、地仙、旱划船、教象、装态、村田乐、鼓板、踏橇、扑旗、抱锣装鬼、狮豹蛮牌、十斋郎、耍和尚、刘衮、散钱行、货郎、打娇惜。其品甚伙，不可悉数。首饰衣装，相矜侈靡，珠翠锦绮，炫耀华丽，如傀儡、杵歌、竹马之类，多至十余队。十二、十三两日，国忌禁乐，则有装宅眷笼灯，前引珠翠，盛饰少年尾其后，诃殿而来，卒然遇之，不辨真伪。及为乔经纪人，如卖蜂糖饼、小八块风子，卖字本，虔婆卖旗儿之类，以资一笑者尤多也。"又《梦粱录》卷一《元宵》载："正月十五日元夕节，乃上元天官赐福之辰……舞队自去岁冬至日，便呈行放。遇夜，官府支散钱酒犒

图 2-17 河南省禹县白沙宋墓壁画《散乐图》

之。元夕之时，自十四为始，对支所犒钱酒。十五夜，帅臣出街弹压，遇舞队照例特犒……姑以舞队言之，如清音、遏云、掉刀、鲍老、胡女、刘衮、乔三教、乔迎酒、乔亲事、焦锤架儿、仕女、杵歌、诸国朝、竹马儿、村田乐、神鬼、十斋郎各社，不下数十。更有乔宅眷、龙船、踢灯、鲍老、驼象社。官巷口、苏家巷二十四家傀儡，衣装鲜丽，细旦戴花朵□肩、珠翠冠儿，腰肢纤袅，宛若妇人。"南宋民间歌舞表演的节目涵盖清音、遏云、掉刀、鲍老、胡女、刘衮、乔三教、乔迎酒、乔亲事、焦锤架儿、仕女、杵歌、诸国朝、竹马儿、村田乐、神鬼、十斋郎、乔宅眷、滉龙船、踢灯、鲍老、驼象社、傀儡等多种艺术形式。民间歌舞的艺术形式及节目纷繁多样，表演场所多为节日的街头巷尾、瓦舍、茶肆。

北宋张耒《白纻词二首效鲍照》云："回纤腰，出素手，髻堕鬓倾钗欲溜，为君歌舞君饮酒。岁云暮矣七泽空，汤汤汉沔天北风。玉壶之酒乐未终。"宋代舞蹈的动作内核以"转"为本原，配合头部的伏、仰、回顾，上肢的垂、举、开、合，躯干的含、腆、拧、靠，下肢的蹲、蹬、旋、踏等，形成一套程式化动作体系。宋代舞蹈以"三方一圆"（指舞者在规定乐曲内走三个方向行"令"，即敬酒，如果"三方"宾客不接受，则必须在第四段即"一圆"时将酒敬出）为基本行进路线，在包含"圆"与"方"的线性流式下进行图式化的"动"的构建，同时以"五花"（五个不同角色）为平面进行"静"的基本构图。唐代用大曲多至数十遍，宋代裁截应用，即所谓"摘遍"。

随着歌舞的世俗化，宋代的音乐主体也转向民间。唐代大曲表演注重塑造华丽夺目的场面，音乐风格主要以抒情为主。《宋史》卷一二六《乐一》载，宋太祖嫌后周原有雅乐"王朴乐"声高不合中和，由太常寺的和岘依古法别创新乐以定律吕。宋太宗同样强调雅乐

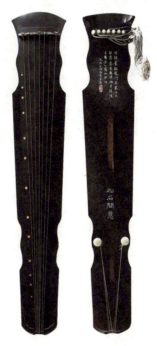

图 2-18　宋徽宗御制、清高宗御铭宣和式"松石间意"琴（私人藏）

图 2-19 河南省开封市繁塔北宋伎乐造像

的"中和之道",他曾对朝臣说:"雅乐与郑、卫不同,郑声淫,非中和之道。朕常思雅正之乐可以治心,原古圣之旨,尚存遗美。"这两位皇帝对宫廷雅乐的态度奠定了300多年两宋宫廷音乐的基调。北宋后来的皇帝和儒臣对雅乐总是孜孜以求,从音高标准到音阶形式,到音域、宫调,再到雅乐队舞、乐器,都追求一种纯而又纯的"合乎古制"。但在儒臣考究乐律的同时,乐工的整体素质却在下降。与歌舞一样,北宋末期以后,宫廷音乐机构时废时复,所用乐工多来自民间,而且多采用"和雇"形式,终至于衰弱。但宋代民间俗乐总体上没有得到独立发展,而是依附于其他艺术形式构成一种叙事音乐。宋代的欣赏趣味转向带有故事情节的艺术形式,具有较强叙

事性的新兴音乐体裁形式如戏曲、杂剧和说唱音乐等替代了歌舞大曲，音乐的主要关注点由场面性转向情节性。

　　南宋时期，专属于宫廷音乐表演的乐人数量相当少，主要集中在供高宗颐养天年的德寿宫，部分原宫廷乐伎乐工被遣散到临安府的衙前乐，更多的则流落到民间。衙前乐中的乐伎乐工除应承官府的音乐表演之外，其余时间几乎都在民间娱乐场所以表演谋生。他们的属性更多是民间性质的。南宋音乐因此形成了宫廷内外的互融互动格局，并整体上趋于世俗化。南宋的民间音乐艺人数量骤增，其中有姓名可考的就远远多于北宋开封，《武林旧事》记载各类演艺人员1100余人，其中相当多的是音乐艺人。音乐的主要表现形式是说唱、戏曲、歌唱、器乐等，这些音乐形式来自民间。文人音乐与民间音乐之间也在双向渗透。文人在创作中不断借鉴民间音乐元素，同时又参与到民间音乐的创作甚至演出中。如姜夔一方面收集整理当时的民间音乐，根据江南民间歌曲整理编写了《越九歌》，另一方面又吸取了民间的音阶音调、曲式结构等音乐表现手法用于自己的创作，并加以发展。他的自度曲在结构、音律、音阶、旋法等方面都与《越九歌》等民间音乐有着密切的联系。其中在旋律进行方面频繁的大跳，经常运用的下行级进即受江南民歌的影响，三度进行受湖北江汉地区民歌的影响，委婉的终止式则在江、浙、皖民歌中多见。琴乐一直是文人音乐的标志和象征，然而在世俗化浪潮的冲击下也并非完全不染新声。南宋真德秀《西山先生真文忠公文集》卷二七《赠萧长夫序》曾述其"官于都城，以琴来谒者甚众。静而听之，大抵厌古调之希微，夸新声之奇变，使人喜欲起舞，悲欲涕零，求其所谓淳古淡泊者，殆不可得。盖时俗之变，声音从之，虽琴亦郑卫矣"。

在众多宋代新出现的市民通俗音乐体裁中，最具代表性的当属戏曲音乐。隋唐盛极一时的歌舞大曲至宋代也逐渐融合于戏曲音乐之中。戏曲的题材多取于民间，贴近民众的生活，其曲文质朴、通俗、口语化。《南词叙录》云："句句是本色语，无今人时文气。"戏曲在表现手法上受到大曲、唱赚、诸宫调、歌舞、滑稽戏等的影响，在演绎结构和塑造人物等方面受到杂剧、诸宫调、傀儡戏和影戏的影响，在音乐上采集、融会民间小调、词调音乐、大曲、说唱、杂剧音乐等，在取材范围上更是广泛涉及了传说、说话等。所塑造的舞台形象以社会下层的平民为主，比较全面地展示了商人、农民、工匠、医生、妓女、奴婢、艺人、游民、士兵、孤儿、寡妇、僧尼、船工、樵夫、强盗、失意文人、低级官吏、市井无赖等民间众生相。

道教科仪音乐在宋代也发展到了历史高峰。科仪音乐是道教人神交接、沟通的重要手段，同时也是道教养生的重要辅助手段。科仪音乐也被看作是"道美"的显现，体现了"道"的境界。北宋时编订的《玉音法事》是道教科仪音乐历史上第一部词谱兼备的经韵曲集，囊括了当时流行的各类经韵，并新增北宋皇帝御制经词，集中反映了北宋科仪音乐的面貌。《玉音法事》在南宋时一直流传。《梦粱录》卷一《车驾诣景灵宫孟飨》记载了道士在宫廷唱颂《玉音法事》："驾

图 2-20 甘肃省瓜州县榆林窟 35 窟北宋文殊伎乐经变壁画

出和宁门，诣景灵宫行春孟朝飨礼，前后两行绛烛灯笼，导引驾行。向有宝谟学士赵师罿诗：'风传御道跸声清，两道纱笼列火城。云护帝尊天未晓，众星环拱极星明。'驾近景灵宫前，撤去黄盖，方入宫门，此见君王虔孝之忱。至宫幄少歇，奉常更奉行礼，内侍卷帘班道上御黄道，步至殿前，崇禋馆道士二十四员在殿墀下叙立，举玉音法事。"除了皇室推动编辑、颁布统一的道教科仪音乐外，教内高士也有意识地辑录道门音乐。南宋嘉泰年间（1201—1204），吕元素编制《道门定制》10 卷，其中卷五记载有当时道门所用的道曲，如《启堂颂》《奉戒颂》《三启颂》《请师颂》《焚章颂》《焚词颂》《出堂颂》《还戒颂》《步虚词》《白鹤词》《仙家乐》《唱道赞》《华夏赞》《七真赞》《送经赞》《解坐赞》《普供养赞》《辞师赞》《奉师赞》等。宋代道教音乐在上层社会与下层社会分化发展的趋势进一步明显。官方宫观道教音乐向皇室宫廷靠拢，与雅乐相结合；而民间道教音乐则向民间百姓下层民众延伸，与俗乐相结合。另外，道教音乐还与戏曲广泛结合，促进了戏曲（包括道教戏曲）的发展。如南戏中就应用了《步虚》《叱精令》等道教法曲。

从《诗经》开始，中国诗歌就建立了与音乐相结合的传统。有人认为《诗经》同时就是一部《乐经》。诗 300 篇，孔子皆弦歌之。其风、雅、颂三类就是按音乐来划分的。隋唐雅乐是先作词后制谱的，唐宋词则相反。除少数例外，大多是先有其曲，后有其词；曲行于前，词起于后；有曲则有词，无曲则无词。词的产生须以乐曲的繁盛和流行为先。词调主要源于盛唐和中唐之曲。与唐、五代仅 200 首左右小令相比，《宋史》卷一四二《乐志》载北宋时"其急、慢诸曲几千数"，不仅数量远远超越前代，而且令、引、近、慢兼有，得称大备。这是在仁宗至徽宗年间仅一个世纪左右的时间内完成的。除了教坊乐，北宋市井新声的竞起，是词调获得新增和扩充的重要原因。当时上自宫廷，下至瓦子勾栏，远至漠外，凡有井水处，都是这种新声的领地。而且，北宋词人知音识曲者多，还能自制调，因此在作词与制调方面都出现了极盛的局面。北宋后期，乐家所唱大多是宋时新声，唐旧曲少得存者。词至南宋功用益大，艺术性也推向新的高度。但南宋所创词调少，甚至出现了停滞的局面，所增新调仅偏于词人自度曲一隅。其原因主要有二：一是出现了新的乐种、曲种、剧种，词曲失去了音乐文艺的中心地位；二是南宋词崇高雅、严音律，与民间新声断绝联系，堵塞了词调的新来源。自度曲则是对南宋词调发展停滞的主要补偿。其中姜夔的自度曲在词乐史上有重要地位。五代北宋时已有自度曲，柳永、周邦彦等也多作，但并没有曲谱流传下来。姜夔的自度曲——旁注工尺谱，是今存唯一的宋代词乐文献。其《长亭怨慢》词序云："予颇喜自制曲，初率意为长短句，然后协以律，故前后阕多不同。"即作者一般先随心所欲地将自己的思想感情、生活体验都化作长短句，然后依据已经写成的歌词配上适当的音乐。这样就不会受音乐（固定曲牌）的限制，使思想表达更加自由，能够按照主观意志"率意"为之，从而达到"自作新词韵最娇"的境界。

五、江湖与青楼

南宋出现江湖诗（词）派。这不仅是一种文学现象，也是一种社会现象和生命现象。"江""湖"两字作为专名指长江和洞庭湖，作为共名泛指三江五湖，然而在中国文化中"江湖"是一个特殊的文化概念。"江湖"的特殊意义绝非唐代豪侠小说到当代武侠小说中的丰富演绎，而是在唐代以前的先秦时代就被赋予的。民间社会的江湖文化，是与朝廷的庙堂政治相对的。因此并非先有"侠客"，后有"江湖"，而是先有意义特殊的"江湖"，后有纵横笑傲的"侠客"。此词的真正词源出自《庄子》。《庄子》全书使用"江湖"一词凡七处。其中《内篇·逍遥游第一》云："今子有五石之瓠，何不虑以为大樽而浮乎江湖，而忧其瓠落无所容？"又《内篇·大宗师第六》云："泉涸，鱼相与处于陆，相呴以湿，相濡以沫，不如相忘于江湖。"庄子与韩非是具有对比性的两个先

图 2-21 南宋佚名《春宴图》(故宫博物院藏)

秦思想家,他们的思想代表了中国 2000 年历史中的两种巨
大力量:庄子左右了江湖文化,韩非主宰了庙堂政治。道家
江湖所弘扬的文化人格是傲视王侯的"真人",儒家庙堂所
推崇的政治人格是忠君牧民的"君子"。将"江湖"与"庙
堂"二者联系起来的是儒家,这在范仲淹《岳阳楼记》的名
句"居庙堂之高则忧其民,处江湖之远则忧其君"中表现得
最为清楚。这种"庙堂"与"江湖"对举表现的是两种生存
状态:一种身居高位,但关怀民生疾苦;另一种处境较为失

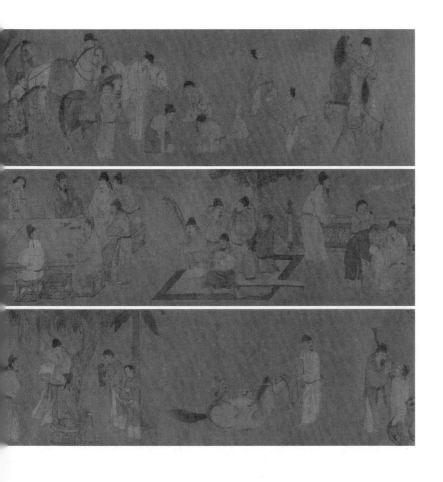

意，却胸怀政治理想，位卑未敢忘忧国。但庄子意义上的"江湖"与范仲淹的儒家思想却不可兼容，真正的道家是"天子不得臣，诸侯不得友"（《庄子·杂篇·让王第二十八》），"独与天地精神往来，而不傲倪于万物"（《庄子·杂篇·天下第三十三》），所追求的是人的自由和解放。范仲淹笔下的"江湖"并非文化中国的真江湖，而是政治中国的伪江湖或准江湖。但庄子的真江湖是一种理想模态，中国古代士人真正可以或可能走的大体只能是准江湖。江湖是苦难的象征，是邪

图 2-22 清叶衍兰《姜夔像》(私人藏)

恶的象征,也是社会正义和人生自由的象征。

由于靖康之难造成社会动荡、冗官充塞阻塞仕进、科举人才大量走向民间等,自南宋中兴时期起一批江湖士人开始活跃于历史舞台。他们有名士与谒客的双重精神气格,大多具有传统儒家入世的理想。一方面,以才艺驰名江湖,或与社会名流交游唱和,或受到名公巨卿推许赏识。姜夔《姜尧章自述》即感慨自己:"尧章一布衣耳,乃得盛名于天壤间。"但另一方面,由于社会及个人的种种因素,多未能通过科举进入仕途,无固定职业和生活来源,因此不得不游寓江湖,干谒权门,过着客食江湖的生活。如刘过《寿建康太尉》诗云:"万里寒风一布袍,特将诗句谒英豪。"贫寒的生活促使他们编织出一个供奉偃蹇困顿的精神世界,既没有范仲淹式的牵挂，也没有庄子式的超然，构建了准江湖意义上的特殊的士人江湖和士人江湖文化。江湖社会之所以能在宋代形成，也缘于宋代社会的开放程度前所未有地提高，人有了更多生活方式的可能性。宋代文人比过去单一仕进有了更多的谋生途径，如可以去做小说家式的自由撰稿人。而位居庙堂的士人则比前代少了致仕后的失落，或可借江湖获得另一种生趣。"少年游侠，中年游宦，老年游仙"是许多人的人生理想。

　　宋代的江湖远远不局限于士人江湖，江湖文化也不局限于士人江湖文化。当时已出现十分广泛的游民江湖和游民江湖社会，学术界也有称为游民社会的。江湖士人本为江湖游民中的一类，因此江湖社会是包括士人江湖社会在内的游民江湖社会。江湖社会是中国正统或主流社会之外的另一种隐性社会或秘密社会。江湖游民或江湖社会的主体包括游士、游侠、游僧、流民、流氓、盗匪、娼妓等五花八门的人物身份。"五花八门"本指古代兵法中的"五花阵"和"八门阵"。"五花阵"指金木水火土五种阵势，而江湖上的五花指金菊花（卖花女）、木棉花（江湖郎中）、水仙花（歌妓）、火棘花（杂耍艺人）、土牛花（脚夫）。一说指车船店脚牙五种行当。"八门阵"原指术数家的八门阵势，即奇门遁甲中的"休、生、伤、杜、死、景、惊、开"，江湖上的"八门"指各种艺人行当，所谓"巾皮李挂"和"平团调柳"两大类组成的八大门户，即巾门（星相、测字、风水）、皮门（行医卖药）、彩门（又称李门，戏法魔术）、挂门（即瓜门，耍枪弄棒、打把式）、平门（评书、大鼓、相声、说唱）、团门（走街卖唱、行乞）、调门（扎彩、鼓吹、杠房）、聊门（即柳门，梨园戏班）。其实"五花八门"远不能概括江湖社会。

宋代文学艺术通俗化成为大势，一些游民进入城市以文艺天才的身份在娱乐业谋生，于是产生了第一代江湖艺人。江湖艺人创作和表演的通俗文艺作品表达着江湖游民的思想意识，而游民的生活方式本身也成为独特的文化现象，由此产生了江湖文化。《三国演义》《水浒传》《说唐》等多部小说在宋代的蓝本中都有江湖艺人的身影，只不过后来经过不断改写才变了模样。江湖艺人的讲述不仅渗透到了通俗文学的听众中，也渗透到了市民的精神生活中。听众可以参与演出，同时也成了文化的传播者。通俗文艺作品中的游民意识不仅影响了游民，还影响了许多不是游民的人们。宋代小说中有两类写游民以强悍之风闯荡江湖的：一类是朴刀杆棒，另一类是发迹变泰。朴刀杆棒类故事描写游民拿着粗陋的武器闯荡江湖。朴刀既是刀耕火种的工具，又可以用来防身；杆棒是更原始的武器。发迹变泰类故事则写游民通过闯荡而身份陡变的事迹。登上皇帝宝座在皇权专制社会里是最大的发迹变泰。宋代小说即通过杜撰反社会性的游民故事进行社会批判。水浒故事以游民造反为题材自不必说，连三国故事也把刘备、关羽、张飞与"往太行山落草"联系起来。

青楼是女人的江湖，也是游民的一种家园。宋代开始，中国娼妓业成规模市场化，狎妓成一时世风。宋代青楼的魅力是多方面的，最基本的当然是性的需求。青楼的"性"别具诱人之处是它使人体会到陌生感、自由感、罪恶感和"高峰体验"。比性的需求高一个层次的是"色"的需求，与对"色"的审美、学识及修养有关。比性和色再高一个层次的是艺术需求。妓女中的佼佼者勤练功夫，以音乐舞蹈、诗词歌赋、琴棋书画、巧饰美妆来增添自身的魅力。名妓则因有高超的才智和艺术品位而获得了比一般女性更深的人生体验和更高的

图 2-23　北宋王诜《绣枕晓镜图》（台北故宫博物院藏）

精神享受，同时也获得了社会的尊重以至褒扬。其实妓女一开始是以艺术工作者的身份出现的，主要的服务对象是文人。文人一般具有中等以上的经济实力，但妓女喜欢与文人交往并不单是看中这一点，而是因为文人比起其他阶层的人来要风流倜傥、善解人意，他们不仅能十分内行地欣赏妓女的色和艺，而且自身的色和艺也反过来给妓女以审美愉悦。一方面，妓女与文人交往也抬高了自己的身份，削弱了自卑感。文人吟诗作赋还可成为她们的"广告"。另一方面，由于文人创作的文学作品缺乏文字以外的传播媒介，妓女也在客观上为他们搭建了走向市场的通道。如南宋刘克庄《后村先生大全集》卷九七《翁应星乐府序》所说："长短句当使雪儿、啭春莺辈可歌，方是本色。"唐代歌妓已经体会到，拿格律整齐、字数一定的律绝句做歌词，很难与变化错综的乐调相配合。为了好唱好听，她们就应用了"胡夷里巷"之曲作为歌谱，或在字的中间加"和声"，或在句子里面插入"泛声"，无形中诗变成了长短句。清方成培《香研居词麈》卷一云："唐人所歌，多五七言绝句，必杂以'散声'，然后可被之管弦。如《阳关》必至三叠而后成音，此自然之理。后来遂谱其'散声'，以字句实之，而长短句兴焉。"可见词的发生或许与歌妓的发挥有关。胡适《词的起源》一文指出："我疑心依曲拍作长短句的歌调，这个风气，是起于民间，起于乐工歌妓。"[1]词至宋代日益和乐并最终向元曲过渡，与歌妓的传唱更有莫大的关系。

　　宋代词人几乎都与歌妓过从甚密，并且写下了许多反映妓女生活、歌唱爱情的佳篇名句。其中有大量赠妓词或咏妓词，表达的是文人行走于江湖间的羁旅之思。宋词中的妓女不是想象中的美女，她们虽在现实中触手可及，但与传统诗歌表现的现实女子不同，并不具有家庭伦理上实实在在的身份，或者说，她们的身份是游移的，这又使得她们的存在有了不确定性。这种现实与非现实的交错造成了一种象征的可能性。赠妓词固然有一些轻慢、狎玩之作，但大部分是寄情象征的。词人

[1]胡适：《词的起源》，载《胡适文集》第4卷，欧阳哲生编，北京大学出版社1998年版。

与歌妓可能互生情愫，借赠词加以抒发，而更多的则是借以表达飘忽的人生之爱和游移的身世之感。词人作词，歌妓唱词，在这个过程中，彼此很容易产生一种认同感，或者说知己感，然而短暂的情爱或人生总是令人万般无奈。一方面，江湖给词人许多伦理社会无法得到的真爱和从未体验过的真美。钱锺书《宋诗选注》指出："宋代五、七言诗讲'性理'或'道学'的多得惹厌，而写爱情的少得可怜，宋人在恋爱生活里的悲欢离合不反映在他们的诗里，而常常出现在他们的词里……据唐宋两代的诗词来看，也许可以说，爱情，尤其是在封建礼教眼开眼闭的监视之下那种公然走私的爱情，从古体诗里差不多全部撤退到近体诗里，又从近体诗里大部分迁移到词里。"[1]词所表现的"走私的爱情"很少受到社会道德规范的束缚。歌妓不但是词人描摹的对象，而且是他们自身理想的观照，所谓借他人酒杯浇自家胸中块垒。赠妓词在很大程度上满足了文人的自我认同心理，词人在歌妓对自己的欣赏和期待中感受到自我存在的价值。如明冯梦龙《喻世明言》卷一二《众名姬春风吊柳七》录宋代童谣《盼柳七》所说："不愿穿绞罗，愿依柳七哥；不愿君王召，愿得柳七叫；不愿千黄金，愿中柳

[1] 钱锺书：《宋诗选注》，人民文学出版社 1979 年版。

七心；不愿神仙见，愿识柳七面。"惺惺惜惺惺，仕途失意、情场得意，被词人当作人生缺憾的一种弥补。词人对国事的关注、对功名的渴望，往往也以女性闺怨的形式来表现。他们借女子的姣好容貌来比附自己的才能，借女子的情感相思来抒发心中的失意和惆怅，借女子对爱情的坚贞执着来书写自己对理想人格固执不变的信念，以美人迟暮的悲哀来抒发自己壮志未酬、英雄老矣的失落和苍凉。南宋词人吴文英早年在临安曾经与一位歌妓有过一段近十年的恋情，这就是他一再提到的"西湖十载"。随着吴文英进入苏州幕府和这位歌妓的去世，这段情事很快就结束了。他的《梦窗词》中分量非同一般的情词大多是对这一段情事的追忆。其中的《宴清都》云："万里关河眼。愁凝处，渺渺残照红敛。天低远树，潮分断港，路回淮甸。吟鞭又指孤店。对玉露金风送晚。恨自古、才子佳人，此景此情多感。　　吴王故苑。别来良朋雅集，空叹蓬转。挥毫记烛，飞觞赶月，梦销香断。区区去程何限。倩片纸、丁宁过雁，寄相思。寒雨灯窗，芙蓉旧院。"梦窗情词虽往往以爱情悲剧和末宦生涯发端，但其意旨却远远超出了对于情殇以及人生苦难的叙说，上升到对整个时代的忧虑。

第三章　赏心乐事

一、四时幽赏

　　明代高濂写了一部闲书叫《四时幽赏录》，以清新的笔触描述杭州春、夏、秋、冬的赏心乐事各 12 条，诸如孤山月下看梅花、苏堤看新绿、六和塔夜玩风潮、西溪道中玩雪等。其自序云："即武林一隅，幽境幽趣，供人玩赏者，亦复何限？特好之者未必真人，自负幽赏，非真境负人也。若能高朗其怀，旷达其意，超尘脱俗，别具天眼，揽景会心，便得真趣。"其实高濂所见在宋代已有端倪，不少景观本也是宋代构造的。北宋孟元老《东京梦华录》记宋人有四时赏花习俗：春季赏含笑、瑞香、素馨，夏季赏茉莉，秋季赏山丹，冬季赏月池梅等。

南宋吴自牧《梦粱录》卷一二《西湖》云:"春则花柳争妍,夏则荷榴竞放,秋则桂子飘香,冬则梅花破玉,瑞雪飞瑶。四时之景不同,而赏心乐事者亦与之无穷矣。"作为农耕民族,中国人很早即形成四时观念,并逐渐形成"四时文化"。宋人则借助自然素材搭配合宜器具,又构造出具有仪式感的"四时雅事"。宋代较多专门的岁时之作,如周密《乾淳岁时记》、陈元靓《岁时广记》、蒲积中《古今岁时杂咏》等。另外《东京梦华录》《梦粱录》《武林旧事》《赏心乐事》《癸辛杂识》《老学庵笔记》《范成大笔记六种》《东轩笔录》《东坡志林》《鸡肋编》《清波杂志》《石林燕语》《春渚纪闻》《山家清事》等也有较多记述。

宋代以前"四时文化"已浸入社会生活中。"四时"在古代文献中也称"岁时",先秦时人们以"四时"规范农业生产、政治制度及社会礼俗。"四时"概念中也融入了古人的思维方式和哲学理念,如《周易·系辞下》将天地阴阳、吉凶大业、社会人生与"四时"的"变通"紧密结合。在宋代理学中,"四时"与万物具有对应关系,成为时序生活的时间标准。如北宋程颐《秋日偶成》诗云:"万物静观皆自得,四

图 3-01 宋佚名《春游晚归图》（故宫博物院藏）

时佳兴与人同。""四时"又是一种最典型的生命节律，而审美活动往往是一种生命节律的感应。时节、物候、人情、世事伴随着生命节奏，可以融成春爱秋严、夏乐冬哀等审美意象。宋代的文学艺术作品中也以"四时"表达思想观念，如南宋范成大《四时田园杂兴》（六十首）以"春日""晚春""夏日""秋日""冬日"五个篇章描绘四时风光和农民生活。这组诗影响深远，被认为是中国古代田园诗的经典之作。南宋蒲积中辑《古今岁时杂咏》四十六卷，按四时选迄宋代诗2700多首。北宋郭熙《林泉高致·山水训》提及四景山水时云："真山水之烟岚，四时不同；春山淡冶而如笑，夏山苍翠而如滴，秋山明净而如妆，冬山惨淡而如睡。"《宣和画谱》卷一五《花鸟序论》云："故诗人六义，多识于鸟兽草木之名，

图 3-02 南宋刘松年《四景山水图》（故宫博物院藏）

而律历四时，亦记其荣枯语默之候。所以绘事之妙，多寓兴于此，与诗人相表里焉。"南宋刘松年《四景山水图》绘制了春、夏、秋、冬四景。第一幅《踏青图》春花烂漫，杨柳葱翠，远山迷蒙。堤头二人牵马携盒，像是春游归来。第二幅《纳凉图》夏木浓荫，碧荷点点，主人端坐庭院纳凉观景。第三幅《秋景图》老树经霜，树石围墙似在挡秋。庭中老者独坐养神，侍童汲水煮茶。第四幅《赏雪图》山裹银装，万籁俱寂。小桥上一老翁在侍者导引下骑驴张伞，似乎是去踏雪寻梅、寻诗觅句。全卷以精致笔法描绘了士人优裕闲适的四时生活。北宋林洪《山家清供》主张取山中四时菜蔬、花草制作饮食。陆游《老学庵笔记》卷二云："靖康初，京师织帛及妇人首饰衣服，皆备四时。如节物则春幡、灯球、竞渡、艾虎、云月之类。"

《武林旧事》卷一〇收录南宋张镃《赏心乐事》（并序）。张镃与陆游、杨万里等以诗相交，推崇杨万里的"诚斋体"。张镃学诗出入晚唐北宋诸家，又对陆、杨二人兼收并蓄，作诗不尚丽，亦不务工，取得很高的艺术成就。张镃在临安城北南湖之畔购得百亩荒圃建南湖别业。南湖又称白洋池，因张镃的美化在南宋时有"赛西湖"的美名。当时水面十分广阔，周回达数十里。张镃不惜花费近十五年时间完善景点，构筑起以东寺、西宅、南湖、北园为主体的园林景观。又赋诗数百首，集为《南湖集》。张镃在南湖以诗会友，杨万里、陆游、姜夔等诗坛名家是座上常客，尤袤、范成大、周必大、辛弃疾、陈亮、叶适、史浩等名流也曾在这里饮酒开怀，即兴赋诗。《赏心乐事》系南湖别业建成次年即嘉泰元年（1201）张镃记录一年中100多种休闲活动而作，诸活动兹列如下：

　　正月孟春　岁节家宴　立春日迎春春盘　人日煎饼会玉照堂赏梅　天街观灯　诸馆赏灯　丛奎阁赏山茶　湖山寻梅　揽月桥观新柳　安闲堂扫雪

　　二月仲春　现乐堂赏瑞香　社日社饭　玉照堂西赏缃梅南湖挑菜　玉照堂东赏红梅　餐霞轩看樱桃花　杏花庄赏杏花　群仙绘幅楼前打球　南湖泛舟　绮互亭赏千叶茶花　马塍看花

　　三月季春　生朝家宴　曲水修禊　花院观月季　花院观桃柳　寒食祭先扫松　清明踏青郊行　苍寒堂西赏绯碧桃满霜亭北观棣棠　碧宇观笋　斗春堂赏牡丹芍药　芳草亭观

草　宜雨亭赏千叶海棠　花苑蹴秋千　宜雨亭北观黄蔷薇
花院赏紫牡丹　艳香馆观林檎花　现乐堂观大花　花院尝煮
酒　瀛峦胜处赏山茶　经寮斗新茶　群仙绘幅楼下赏芍药

四月孟夏　初八日亦庵早斋　随诣南湖放生　食糕麋
芳草亭斗草　芙蓉池赏新荷　蕊珠洞赏荼蘼　满霜亭观橘花
玉照堂尝青梅　艳香馆赏长春花　安闲堂观紫笑　群仙绘幅
楼前观玫瑰　诗禅堂观盘子山丹　餐霞轩赏樱桃　南湖观杂
花　鸥渚亭观五色莺粟花

五月仲夏　清夏堂观鱼　听莺亭摘瓜　安闲堂解粽　重
午节泛蒲家宴　烟波观碧芦　夏至日鹅炙　绮互亭观大笑花
南湖观萱草　鸥渚亭观五色蜀葵　水北书院采蘋　清夏堂赏
杨梅　丛奎阁前赏榴花　艳香馆尝蜜林檎　摘星轩赏枇杷

六月季夏　西湖泛舟　现乐堂尝花白酒　楼下避暑　苍
寒堂后碧莲　碧宇竹林避暑　南湖湖心亭纳凉　芙蓉池赏荷
花　约斋赏夏菊　霞川食桃　清夏堂赏新荔枝

七月孟秋　丛奎阁上乞巧家宴　餐霞轩观五色凤儿　立
秋日秋叶宴　玉照堂赏玉簪　西湖荷花泛舟　南湖观稼　应
铉斋东赏葡萄　霞川观云　珍林剥枣

八月仲秋　湖山寻桂　现乐堂赏秋菊　社日糕会　众妙峰赏木樨　中秋摘星楼赏月家宴　霞川观野菊　绮互亭赏千叶木樨　浙江亭观潮　群仙绘幅楼观月　桂隐攀桂　杏花庄观鸡冠黄葵

九月季秋　重九家宴　九日登高把萸　把菊亭采菊　苏堤上玩芙蓉　珍林尝时果　景全轩尝金橘　满霜亭尝巨螯香橙　杏花庄籞新酒　芙蓉池赏五色拒霜

十月孟冬　旦日开炉家宴　立冬日家宴　现乐堂暖炉　满霜亭赏蚤霜　烟波观买市　赏小春花　杏花庄挑荠　诗禅堂试香　绘幅楼庆暖阁

十一月仲冬　摘星轩观枇杷花　冬至节家宴　绘幅楼食馄饨　味空亭赏蜡梅　孤山探梅　苍寒堂赏南天竺　花院赏水仙　绘幅楼前赏雪　绘幅楼削雪煎茶

十二月季冬　绮互亭赏檀香蜡梅　天街阅市　南湖赏雪家宴试灯　湖山探梅　花院观兰花　瀛峦胜处赏雪　二十四夜饧果食　玉照堂赏梅　除夜守岁家宴　起建新岁集福功德

张镃以为一年四季乃至每个月都有赏心乐事，而且还只是在他的南湖别业这一方小小的天地里。在广大的世界中可

图 3-03　宋佚名《调鹦图》（美国波士顿美术博物馆藏）

乐之事更多。

　　张镃讲"赏心乐事"其实内含了"游戏三昧"思想。《赏心乐事》序云："余扫轨林间，不知衰老，节物迁变，花鸟泉石，领会无余。每适意时，相羊小园，殆觉风景与人为一。闲引客携觞，或幅巾曳杖，啸歌往来，澹然忘归。因排比十有二月燕游次序，名之曰'四并集'。授小庵主人，以备遗忘。非有故，当力行之。然为具真率，毋致劳费及暴殄沉湎，则天之所以与我者为无负无亵。昔贤有云：'不为俗情所染，方能说法度人。'盖光明藏中，孰非游戏，若心常清净，离诸取著，于有差别境中，而能常入无差别定，则淫房酒肆遍历道场；鼓乐音声，皆谈般若。倘情知物隔，境逐源移，如鸟黏黐，动伤躯命，又乌知所谓说法度人者哉？圣朝中兴七十余载，故家流风，沦落几尽，有闻前辈典刑、识南湖之清狂者，必长哦曰：'人生不满百，常怀千载忧。昼短苦夜长，何不秉烛游！'一旦相逢，不为生客。"直接用佛禅术语来为及时行乐寻找依据，表达了通达乐观的思想。张镃认为"若心常清净"则"鼓乐音声，皆谈般若"，人生应当及时行乐。"人生不满百，常怀千载忧"两句诗，常被一些享乐主义者奉为警句，其实其原意主要是劝人别将时间浪费在无意义的烦恼上，应该敞开胸怀去欣赏万物。对人来说，不是生活缺少美，而是缺少发现。这两句诗原出自《昭明文选》之《古诗十九首》的东汉五言诗："生年不满百，常怀千岁忧。昼短苦夜长，何不秉烛游！为乐当及时，何能待来兹？愚者爱惜费，但为后世嗤。仙人王子乔，难可与等期。"此诗感慨苦短人生，劝人及时行乐，充满对欢乐的追求留恋，嘲讽了吝啬聚财的"惜费"者，点破了慕仙的虚妄。这是对努力奋斗的另一极人生理想的表达。

明代戏曲家汤显祖《牡丹亭》第十出《惊梦》以名曲《皂罗袍·原来姹紫嫣红开遍》表达杜丽娘游园的感慨："原来姹紫嫣红开遍，似这般都付与断井颓垣。良辰美景奈何天，赏心乐事谁家院。朝飞暮卷，云霞翠轩；雨丝风片，烟波画船。锦屏

图 3-04 南宋夏圭《钱塘观潮图》（苏州博物馆藏）

人试看的这韶光贱。"繁花似锦的迷人春色无人赏识，都付与
了破败的断井颓垣。良辰美景负苍天，赏心乐事在谁家？这
是对春光的辜负，也是对人生的辜负。

"游戏三昧"本是佛教术语，出自《摩诃般若波罗蜜经》。
按佛经原意，菩萨以用神通力量专心救济众生为游戏。"戏"
谓自在、无碍，"游"是"游行""游化"的意思，佛教强调
修行者要遍历世间众生居住之所，在游行中参禅悟法、说法
教化。因此，所谓"游戏"是说禅悟之人在世间犹如无心之
游戏，心无挂碍，无拘无束。"三昧"是梵文 Samādhi 的音
译，意思是息虑凝心、专注一境，保持不昏沉、不散乱的状态。
佛教术语也叫"定""正受"或"等持"。中国佛教禅宗南宗

慧能一派对"游戏三昧"则有别解。慧能《坛经·顿渐品第八》云:"见性之人,立亦得,不立亦得,去来自由,无滞无碍。应用随作,应语随答,普见化身,不离自性。即得自在神通,游戏三昧,是名见性。"普济编集《五灯会元》卷三《南岳下二世·马祖一禅师法嗣·南泉普愿禅师》载:"池州南泉普愿禅师者……后扣大寂(马祖)之室,顿然忘筌,得游戏三昧。""游戏三昧"体现了禅宗出世间而不离世间、随机设化以觉有情的超脱情怀。禅宗特别强调"悟","悟"是一种超思维的直觉体验,是在亲证亲历的基础上心灵的豁然开朗。禅宗不主张枯坐静修,而主张深入到日常生活中去。《法华经》有"一切治生产业,皆与实相不相违背"之说,意为一切为生活所做的事都是佛事,一切世间法都是佛法,并不一定脱离人世到深山古庙里苦修才可得佛法。这也是大乘佛学的精髓所在。它被禅宗汲取过来,发展出"平常心是道""日用是道",即在平常生活中体悟大道,如圆悟克勤《碧岩录》第五十则所说在"钵里饭,桶里水"中体味"尘尘三昧",因而将形而上的出世间与形而下的世间打成一片。《五灯会元》卷一六《潭州云峰志璿祖灯禅师》又称,参禅就是"十字街头，闹浩浩地，声色里坐卧去；三家村里，盈衢塞路，荆棘里游戏去"，卷十五《云门偃禅师法嗣》"但向街头市尾、屠儿魁刽、地狱镬汤处会取"。身处何地不要紧，关键要看是否有一颗消除了一切是非、善恶、憎爱等分别情识的平常心。只要拥有了这样一颗平常心，即使遇到戒律上所说的容易破戒的事物，仍然不妨碍明心悟道，即所谓"闻声悟道，见色明心"。只要没有分别心，女色艳曲不但无碍于修道，而且还是悟道的上好机缘。"游戏三昧"的方式在很大的程度上简化了原始佛教所规定的种种烦冗程序和苛刻戒律，既可隐居山林实行，也可出入市井尘寰实行，甚至于如颐藏《古尊宿语录》卷四五《宝峰云庵真净禅师偈颂》所说"事事无碍，如意自在。手把猪头，口诵净戒。趁出淫坊，未还酒债。十字街头，解开布袋"。荤食、酗酒、狎妓等世俗人所能享有的生活，都成为悟道的途径。"游戏三昧"不仅为文人们纵情声色提供了来自宗教的理论依据，同时也促成了"游戏以作词"创作心态的形成。

图 3-05　北宋郭忠恕《宫中行乐图》（台北故宫博物院藏）

二、佳节日夜数

　　北宋元丰七年（1084），苏轼调任汝州（今河南汝州）团练副使，在赴汝州途中经过筠州（今江西高安）时，探望受他牵连而被贬为筠州盐酒税监史的弟弟苏辙。相聚十日，正赶上端午节，兄弟俩把酒言欢，一醉方休。苏辙醉倒后，苏轼只得由三个侄子陪同游览真如寺，写下《端午游真如，迟、适、远从，子由在酒局》诗："一与子由别，却数七端午。身随彩丝系，心与昌歜苦。今年匹马来，佳节日夜数。儿童喜我至，典衣具鸡黍。水饼既怀乡，饭筒仍愍楚。谓言必一醉，快作西川语。宁知是官身，糟曲困熏煮。独携三子出，古刹访禅祖。高

103

图 3-06 北宋张先《十咏图》（故宫博物院藏）

谈付梁罗，诗律到阿虎。归来一调笑，慰此长蛆龉。"诗中倾诉了比菖蒲根还苦的离别之苦，还特别说到，为迎接这次相聚，以至"佳节日夜数"。宋代人过节喜欢聚亲、聚友或娱乐，日夜数佳节是比较普遍的社会心态。

日本学者丸山裕美子《唐宋节假制度的变迁——兼论"令"和"格敕"》一文，根据元和令，统计出唐代官员假日为 50 天左右。而据北宋庞元英《文昌杂录》卷一，元丰五年（1082）祠部重订官员休假制度，"祠部休假，岁凡七十有六日。元日、寒食、冬至各七日。天庆节、上元节同，天圣节、夏至、先天节、中元节、下元节、降圣节、腊各三日。立春、人日、中和节、春分、社、清明、上巳、天祺节、立夏、端午、天贶节、初伏、中伏、立秋、七夕、末伏、社、秋分、授衣、重阳、立冬各一日。上、中、下旬各一日。大忌十五，小忌四。而天庆、夏至、先天、中元、下元、降圣、腊，皆前后一日。后殿视事，其日不坐。立春、春分、立夏、夏至、立秋、七夕、秋分、授衣、立冬、大忌前一日，亦后殿坐。余假皆不坐，百司休务焉。"除旬假外，宋代假日共 76 天，其中大部分是节日。宋代节日主要包括三部分，主体是民间节日，其他还有圣节、庆节等，总量有 70 多个。宋代民间节日除上述提到的以外，还新创了许多新节日，如花朝节、踏青节、开炉节、交年节、诸庆节等。宋代圣节是指皇帝、皇后的生日。据《宋会要辑稿》《宋史》等文献所录，宋代约有 16 位帝王和四位太后圣节。庆节是政治性节日，宋代约有 11 个庆节，如天庆节、天贶节、先天节、天应节、宁贶节、真元节等，主要设立于北宋真宗、徽宗二朝。

宋代节俗有许多新特点：一是节日设置新旧并存，既继承了前代传统，又开发了许多新节日；二是具有深厚的宗教色彩，民间节日增加了宗教因素，官定节日几乎都与宗教有关，不少宗教节日成为官方指定节日，如七月十五中元节为佛家盂兰盆节；三是商业化程度高，如节日用品市场规模化，出现专业节日市集或节日用品市场，如重阳节设有专门的药材市场。

当然更主要的还是节庆活动，南宋临安的元宵、清明、浴佛、中秋等节庆活动规模都很大。庆元宵时，街上会有边走边表演的杂戏、杂耍活动，祈求来年祛瘟驱邪、国泰民安，即所谓"社火"。"社"指土地神，"火"有驱邪崇正的作用。这些表演是给土地神看的，他高兴了就能保一方平安。辛弃疾《青玉案·元夕》词云："东风夜放花千树。更吹落，星如雨。宝马雕车香满路。凤箫声动，玉壶光转，一夜鱼龙舞。　　蛾儿雪柳黄金缕，笑语盈盈暗香去。众里寻他千百度。蓦然回首，那人却在，灯火阑珊处。"渲染了元夕放灯的热闹情景。《西湖老人繁胜录·街市点灯》载："庆元间，油钱每斤不过一百会。巷陌爪札，欢门挂灯，南至龙山，北至北新桥，四十里灯光不绝。城内外有百万人家，前街后巷，僻巷亦然。挂灯或用玉栅，或用罗帛，或纸灯，或装故事，你我相赛。州府札山棚，三狱放灯，公厅设醮，亲王府第、中贵宅院，奇巧异样细灯，教人睹看。"可见灯会景观之绮丽，气氛之热烈。《武林旧事》卷二《元夕》载，从上年九月赏菊之后就开始试灯，称为"预赏"。此时，中瓦南北茶坊之内张挂诸般巧灯，清河坊至众安桥灯火盈市，天街茶肆、店铺渐渐有灯笼出售。"一入新正，灯火日盛，皆修内司诸珰分主之，竞出新意，年异而岁不同。"灯品数量繁多，有羊皮灯、罗帛

图 3-07　南宋李嵩《观灯图》（台北故宫博物院藏）

灯、日月灯、水灯、龙灯、凤灯、琉璃灯、珠子灯、竹灯、戏影灯等。元宵之夜有民间杂耍戏班穿梭于灯市、茶肆、酒楼之间，表演异彩纷呈，热闹非凡。另外还兴猜灯谜。又卷二《灯品》载:"又有以绢灯剪写诗词,时寓讥笑,及画人物,藏头隐语,及旧京诨语,戏弄行人。"随着猜谜活动的兴起,临安还出现了不少谜社。《都城纪胜·社会》载:"隐语则有南北垕斋、西斋,皆依江右。谜法、习诗之流,萃而为斋。"谜社成员大都是文人,所作谜语多以诗词为面。成员之间以谜相酬,品谜玩隐,研习谜法。其中有不少制谜、猜谜的高手。

元宵之夜临安妇女盛装出游,头饰有珠翠、闹蛾、玉梅、雪柳、菩提叶、灯球,衣着多为白色,有蝉貂袖、项帕等。《武林旧事》卷二《元夕》又载,市井小贩"皆用镂锦装花盘驾车儿,簇插飞蛾,红灯彩盏,歌叫喧阗"。各色节令食品,有乳糖圆子、科斗粉、滴酥鲍螺、酪面、玉消膏、并皂儿膏、澄沙团子、蜜煎、蜜果、煎七宝姜豉、十般糖等 20 余种。又流行插"夜蛾","夜蛾"以纸做成。南宋末陈元靓《岁时广记》卷一一载:"都人上元以白纸为飞蛾,长竹梗标之,命从卒插头上,昼日视之殊非佳物,至夜,稠人列火炬中,纸轻竹弱,纷纷若飞焉。"清明与寒食相连,《梦粱录》卷二《清明节》载:"清明交三月,节前两日谓之(寒食),京师人从冬至后数起至一百五日,便是此日,家家以柳条插于门上,名曰（明眼），凡官民不论小大家，子女未冠笄者，以此日上头。"寒食节、清明节主要活动有插柳、取火、祭扫、踏青等。清明头上圈柳之风唐代已有，据说可免虫毒。五代时衍变为清明折柳条插于门上，此后绵延流传。明田汝成《西湖游览志余》卷二〇《熙朝乐事》云："人家插柳满檐，青茜可爱，男女亦咸戴之。谚云：'清明不戴柳，红颜成皓首。'"又以柳条穿"枣"（枣饼）为串悬挂于屋檐下，纪念春秋时不肯出山为官的介子推。此风传自北宋开封。《东京梦华录》卷七《清明节》载："寻常京师以冬至后一百五日为大寒食，前一日谓之（炊熟），用面造枣锢飞燕，柳条串之，插于门楣，谓之'子推燕'。"北宋宋敏求《春明退朝录》卷中记载，"唐时清明取榆柳之火以赐近臣戚里"，宋代沿袭了这一风俗。《梦粱录》卷二《清明节》载："寒食第三日，即清明节，每岁禁中命小内侍于阁门用榆木钻火，先进者赐金碗、绢三匹。宣赐臣僚巨烛，正所谓'钻燧改火'者，即此时也。"元代以后不再有钻火之仪。清明扫墓在南宋临安已成惯例。"禁中前五日，发宫人车马往绍兴攒宫朝陵。宗室南班，亦分遣诸陵，行朝享礼。向者从人官给紫衫、白绢、三角儿青行缠，今亦遵例支给。至日，亦有车马诣赤山诸攒，并诸宫妃王子坟堂，行享祀礼。官员士庶，俱出郊省坟，以尽思时之敬。车马往来繁盛，填塞都门。"《武林旧事》卷三《祭扫》载："南北两山之间，车马纷然，而野祭者尤多，如大昭庆、九曲等处，妇人泪妆素衣，提携儿女，酒壶肴罍，村店山家，分馂游息；至暮则花柳土宜，随车而归。"又借扫墓行踏青游戏。《梦粱录》卷二《清明节》载："宴于郊者，则就名园芳圃、奇花异木之处；宴于湖者，则彩舟画舫，款款撑驾，随处行乐。"城内外以至余杭一带游人遍至。《武林旧事》卷三《祭扫》载，一时"若玉津、富景御园，包家山之桃，关东、青门之菜市，东西马塍，尼庵道院，寻芳讨胜，极意纵游，随处各有买卖赶趁等人。野果山花，别有幽趣"。《西湖老人繁胜录·食店》云："寒食前后，西湖内画船布满，头尾相接，有若浮桥。头船、第二船、第三船、第四船、第五船、槛船、摇船、脚船、瓜皮船、小船自有五百余只。""岸上游人，店舍盈满。路边搭盖浮棚，卖酒食也无坐处，又于赏茶处借坐饮酒。"清明当日还有龙舟表演。《梦粱录》卷二《清明节》载："此日又有龙舟可观，都人不论贫富，倾城而出，笙歌鼎沸，鼓吹喧天，虽东京金明池未必如此之佳。"龙舟竞渡之间，不乏精彩的杂耍表演，如《西湖老人繁胜录·食店》云："沓浑木、拨湖盆，它郡皆无。"南宋临安以农历四月初八为浴佛节，浴佛节又称灌佛节。据说释迦牟尼诞生时有九龙吐水为其沐浴。"九龙吐清圣水浴佛"的传说后来被载入《过去现在因果经》，并设浴佛节和浴佛会。《武林旧事》卷三《浴佛》载："四月八日为佛诞日，诸寺院各有浴佛会，僧尼辈竞以小盆贮铜像，浸以糖水，覆以花棚，铙钹交迎，遍往邸第富室，以小勺浇灌，以求施利。是日西湖作放生会，舟楫甚盛，略如春时小舟，竞买龟鱼螺蚌放生。"中秋节源自古老的祭月活动，周代帝王就有春分祭日、夏至祭地、秋分祭月、冬至祭天的习俗。宋代祭月习俗逐渐变为求月神赐福，男人求功名利禄，女人求貌美如仙。又有中秋节观潮、弄潮习俗。弄潮始于唐代，盛行于宋代。南宋时增加水军表演，将弄潮活动推向高潮。北宋蔡襄、苏轼等执政时每于江潮涨涌时张贴公告劝阻弄潮，但钱塘江弄潮戏仍十分流行。一些善泳者手执大旗、凉伞等，在波涛中表演惊险动作。南宋时，朝廷规定八月十八日在钱塘江举行水军大教阅。"每岁，京尹出浙江亭教阅水军，艨艟数百，分列两岸，既而尽奔腾分合五阵之势，并有乘骑弄旗、标枪舞刀于水面者，如履平地。倏尔黄烟四起，人物略不相睹。水爆轰震，声如崩山；烟消波静，则一舸无迹。仅有敌船为火所焚，随波而逝。吴儿善泅者数百，皆披发文身，手持十幅大彩旗，争先鼓勇，溯迎而上，出没于鲸波万仞中，腾身百变，而旗尾略不沾湿，以此夸能。而豪民贵宦，争赏银彩。"

节庆游乐具有深刻的社会生活内涵。法国学者谢和耐《蒙元入侵前夜的中国日常生活》一书指出："刺激人们过这些节日的精神实质是什么？许多习俗具有某种象征意义，我们在此不拟详细阐发。不过，即使是对那些意义尚很隐讳的节日，我们若细加省察也总会发现，许多礼仪形式的外在目的与实际隐藏于其后的深层愿望并非相去很远。总而言之，这些一年一度的各种节日的初始目的乃在于摆脱浊气、瘟疫和魔障，以便重新把万物塑造得新颖纯净，取一个吉祥的先兆，并开拓一帆风顺的前景。与此同时，这些节日还提供了种种娱乐，使人们爱好娱乐的天性得以放纵。而在这些寻欢作乐的瞬间，日常生活的紧张感亦得片刻遗忘。""世上

图 3-08　南宋佚名《大傩图》（故宫博物院藏）

再没有什么地方能像中国这样把节日过得如此欢闹喜庆了。
也再没有什么场合能比中国的大小节日更好地表达全体人
民的愉悦企望了。这些节日不仅可以作为季候转换的标志，
从而使时间被人看重，而且还表达了对生活的某些确定理
解。"❶

　　节庆事实上也推动了经济、社会和文化发展。如宋代节
俗成为宋词创作的重要题材之一，节俗词的数量也蔚为大观。
以今人唐圭璋主编的《全宋词》《全金元词》为底本梳理、统
计，节俗词的创作者可考姓名的有 357 位，作品 2442 首。其

❶谢和耐:《蒙元入侵前
夜的中国日常生活》，
刘东译，北京大学出
版社 2008 年版。

113

中无名氏作品 65 首, 致语 3 套, 节俗词残句未计入内, 内容涉及春节等 30 个节日 (节气)。最早的节俗词是北宋潘阆的《酒泉子·长忆观潮》, 所存节俗词最多的是刘辰翁, 有 102 首。宋代节俗词不仅创作数量可观, 而且几乎所有优秀词人都留有节俗词篇章。晏殊父子、苏门文人、柳永、周邦彦、李清照、辛弃疾、姜夔、吴文英等都有许多优秀作品。节俗词还有许多艺术精品, 如苏轼中秋词《水调歌头·明月几时有》、李清照元宵词《永遇乐·落日熔金》、辛弃疾元宵词《青玉案·元夕》、秦观七夕词《鹊桥仙·纤云弄巧》、吴文英清明词《风入松·听风听雨过清明》。

三、壶中天地

宋代园林建造臻于成熟, 形成了皇家园林、私家园林、寺观园林和公共园林等体系, 并且日益艺术化和生活化。宋代以前的园林总体上仍有"苑"和"囿"的特征, 游猎功能较强。《说文解字》解释云:"苑, 所以养禽兽也。""囿, 苑有垣也。"宋代园林总体上转化为游乐或隐居设施, 全面人工化和人文化，是文化精神的感性显现。

北宋东京开封的皇家园林没有远离都城的离宫御苑，只有行宫御苑和大内御苑。宜春苑、玉津园、琼林苑、瑞圣园、牧苑、景华苑、撷芳园、芳林园等属于行宫御苑，后苑、延福宫、艮岳属于大内御苑。著名的私家园林以李格非《洛阳名园记》所录洛阳名园最为著名，计有富郑公园、董氏西园、董氏东园、环溪、刘氏园、丛春园、天王院花园子、苗帅园、赵韩王园、李氏仁丰园、松岛、东园、紫金台张氏园、水北胡氏园、大字寺园、归仁园、独乐园、湖园和吕文穆园19处。南宋都城临安著名的园林多达百余个，其中皇家园林著名的有二十余个。凤凰山建有大内御园，西湖南有聚景园、真珠园、屏山园，北有集芳园、延祥园、玉壶园，天竺山中有下竺御园，城南有玉津园，城东有富景园、五柳园，等等。其中以清波门外的聚景园规制最大。临安的私家园林也非常多，《梦粱录》《武林旧事》《都城纪胜》《西湖老人繁胜录》等提到的名园有50余处。《都城纪胜·园苑》载："在城则有万松岭、内贵王氏富览园、三茅观、东山梅亭、庆寿庵、褚家塘、御东园（系琼华园）、清湖北慈明殿园、杨府秀芳园、张府北园、杨府风云庆会阁。城

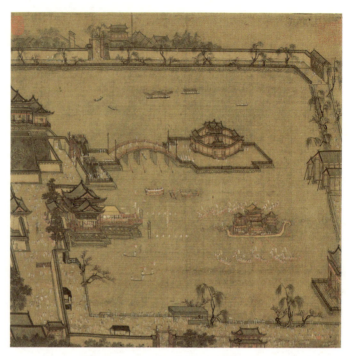

图 3-09 北宋张择端《金明池争标图》（天津博物馆藏）

东新开门外，则有东御园（今名富景园）、五柳御园。城西清波钱湖门外聚景御园（旧名西园）、张府七位曹园。南山长桥则西有庆乐御园（旧名南园）。净慈寺前屏山御园、雷峰塔前张府真珠园（内有高寒堂，极华丽）、白莲寺园、霍家园、方家峪、刘园。北山则有集芳御园、四圣延祥御园（西湖胜地，唯此为最）、下竺寺御园。钱塘门外则有柳巷、杨府云洞园西园、刘府玉壶园、四井亭园、杨府水阁。又具美园、又饮绿亭，裴府山涛园、赵秀王府水月园、张府凝碧园。孤山路口，内贵张氏总宜园、德生堂、放生亭、新建白公竹阁（袁枢尹天府就寺重建）。沿苏堤新建先贤堂园（本裴氏园，袁枢新建），又有三贤堂园（本新亭子，袁枢于水仙王庙移像新建），九里松嬉游园

116

（天府酒库）。涌金门外则有显应观、西斋堂、张府泳泽园、慈明殿环碧园（旧是清晖御园）。大小渔庄，其余贵府富室大小园馆，犹有不知其名者。城南嘉会门外，则有玉津御园（虏使时射弓所），又有就包山作园以植桃花，都人春时最为胜赏，唯内贵张侯壮观园为最。城北北关门外，则有赵郭家园。东西马城诸园，乃都城种植奇异花木处。"其中提到的大部分为私家园林。与唐代园林相比，宋代园林单体规模相对较小，但更为精致典雅。

宋代园林叠石理水，片山多致，涧壑万端。最突出的特点即"峰"的出现，使山石有了变幻丰富的表情，而不再仅有平缓冈阜。中国士人玩石、赏石自唐代而始，但充分讲究其色、形、纹却在宋代。宋代园林的选石标准中也掺入了很强的绘画理念，一如米芾所言"皱、瘦、漏、透"。园林大多有水体，虽然其面积不一定大，但是结合地形引注泉流，形式多样，可为潭、为池，或成瀑、成漱，环萦流而潺有声，增添了幽深之美。造园者已经能熟练将水体由湖中引到园中。园林中点缀着翠羽丹霞，季相天然，融入了时间因素。如《梦粱录》卷一二《西湖》所说："春则花柳争妍，夏则荷榴竞放，秋则桂子飘香，

117

冬则梅花破玉，瑞雪飞瑶。四时之景不同，而赏心乐事者亦与之无穷矣。"当时还流行以植物的不同特征作为庭院空间的设计主题。张镃的桂隐林泉许多景点题榜都是对园林植物的描写，如玉照堂、满霜亭等。园林建筑纤巧飞逸，精在体宜。又开始利用预制构件建造复杂多变的结构造型，飞檐反宇，错落有致，达到木构建筑的顶峰。宋代园林建筑还一改唐代雄浑的特点，外观变得纤巧飞逸，绚烂而富于变化。装饰上多用彩绘、雕刻及琉璃砖瓦等，并出现了很多复杂多变的殿阁楼台和丰富多彩的建筑组合形式。宋代名亭辈出，例如清厉鹗《宋诗纪事》卷六四提到的甘园内的水亭："四望水亭无正面，有花多处背湖光。"周密《齐东野语》卷二〇又载，张镃所构驾霄亭，立于四古松间，"以巨铁絙悬之半空而羁之松身"。亭与景相得益彰，浑然一体。园林建筑除了满足遮阳避雨、驻足休息、林泉起居等多方面的实用要求外，总是与山水、花木等密切结合，组成风景画面，有时还起着园林中心景观的作用。古人有"堂以宴，亭以憩，阁以眺，廊以吟"之说。其美学功能如宗白华《中国诗画中所表现的空间意识》一文所说："于有限中见到无限，又于无限中回归有限。"❶其中"虚无之美"是其重

❶宗白华：《中国诗画中所表现的空间意识》，载宗白华《宗白华全集》第2卷，林同华主编，安徽教育出版社1994年版。

图 3-10 南宋佚名《高阁凌空图》（天津博物馆藏）

要的美学特征。实处之妙，皆因虚处而生。楼、台、亭、阁、窗的设置，都是为了"望"，为了得到或丰富对空间之美的感受。通过这些建筑可以欣赏到外界无限空间中的自然景物，使生机盎然的自然美融于生活环境之中。

宋代园林可以说是高度成熟的艺术典范，其原因是互为表里的两个方面："壶中天地"格局的不断强化和"壶中"艺术手段的不断完善。"壶中天地"本是班固《后汉书》卷八二下《方术传下》中的一个典故，指道家悠闲清静的无为生活。"壶中天地"是文人思想在园林中的缩影。宋代园林空间的营造、意境的诗化都比前代更为精致，这种精致无一不是为了在有限空间内表现出更为深远丰富的意境。《梦粱录》卷八《德寿宫》载，孝宗有诗赞德寿宫曰："山头草木四时春，阅尽岁寒人不老。圣心仁智情幽闲，壶中天地非人间。蓬莱方丈渺空阔，岂若坐对三神山。"言其将天地之无限生机和博大精深收摄于"壶中天地"。身处方寸之间，而心可游浩渺寰宇。

宋代园林既具有实用性，又具有审美性；既具有公务性，又具有娱乐性。造园原则是"可游可居"，"可游"是审美性、休闲性，"可居"则是实用性、工作性。宋代园林为儒、道、释三家提供了精神寓所。于儒家而言，它是一种理想的儒家式家国象征物，皇家园林为国，私家园林为家。儒家重视个人修养，园林是修身的好地方。于释家而言，它是冥想开智的菩提园，也是最好的退隐之所，因此也是一番道家天地。道家崇尚自然，园林虽然只能算半自然，但也是人类可居住的最自然处。园林具有自然而然的特性，虽是人作，宛自天成。此外，宋代园林皆符合三家的审美趣味：从儒家的审美趣味来说，园林宜雅，雅而脱俗；从道家或释家的审美趣味来说，园林宜清宜隐，清而出尘，隐而通幽。"隐"或"含蓄"是宋代园林的基本营造风格：或运用院墙、树林、山丘等将一些景物遮蔽，不让人一眼看尽；或让水系、道路、院墙等要素曲折勾连为多变的迷局，形成"山重水复疑无路，柳暗花明又一村"的空间构图和意象。"隐"的目的是"美"或者说"韵"的开显，成为隐秀。南朝萧梁刘勰《文心雕龙》卷四〇《隐秀》云："文之英蕤，有秀有隐。隐也者，文外之重旨者也；秀也者，篇中之独拔者也。隐以复意为工，秀以卓绝为巧。"隐"文外之重旨"，即文外的余意、多意、意外之意、味外之味。"秀"是"文中之独拔者"，即表露在文章之中的可以感受到的形象，园林中的"引景"也可如是观。宋代园林还具有综合美，自然美之外有人工美，可体现社会生活之美、科学技术之美和文学艺术之美，包括礼仪、建筑、绘画、书法、雕塑、诗文、音乐、舞蹈、戏曲等。从审美方面来说，这种文化之美可以粗浅地概括为如下三层：第一，视觉性的绘画美。宋代园林大多是按照某一张画的构思来造园的，如画是造园的第一原则。画是视觉的艺术，如画的园林给人的美感也应是悦目的。中国画构图用的透视法如北宋画家郭熙的"三远"（平远、高远、深远）法被搬上园林，另一位北宋画家韩拙《山水纯全集·论山》则有另外的"三远"法："有近岸广水，旷阔遥山者，谓之'阔远'；有烟雾暝漠，野水隔而仿佛不见者，谓之'迷远'；景物至绝而微茫缥缈者，谓之'幽远'。"这些构图在园林中是常见的。由于宋代园林以画为蓝本，所以也常取用画题作为景观名，有意创造出具有绘画范式的景观。第二，听觉性的音乐美。在景观设置上有意加强"听景"，如鸟声、溪流声、风声等。唐李商隐《宿骆氏亭寄怀崔雍崔衮》诗所谓"留得枯荷听雨声"表达了一种特具情调的音乐美，这种音乐美常被有意识地用于园林营造。园林中有时也安排音乐演奏、歌舞表演等，这也造就了音乐美。而整个园林的构造也如一首乐曲，具有音乐的节奏感和整体感。第三，意境深远的诗文美。诗文被广泛用于园林题词与装饰，但也许更为重要的是作为造园的一种思路。在某种意义上，一座园林是某一诗文意象的注解。宋代园林通常不大，大多以院墙与现实社会隔开，旨在营造虽在人间却又不在人间的氛围。许多园林用"桃源""蓬莱"品题，表达的是人间仙境的意思。而造园讲究以造化（自然）为师，既合自然之势，也顺社会之理，力忌人力穿凿，以自然天成为最高的美，是"天人合一"思想的理想模型，符合生态美学理念。宋代园林在物质上是现实的，在精神上却是理想的。

宋代园林以人文化景，题名点景与诗、词、画具有同构性。

图 3-11 北宋王诜《飞阁延风图》（故宫博物院藏）

杭州西湖风景名胜区中最著名的景点是"西湖十景"。从前诗人、画家对西湖的歌咏描画多从整体着眼，而自南宋对西湖风景进行精雕细琢以后，审美方式有了很大改变。董嗣杲曾在孤山四圣延祥观出家，写成诗集《西湖百咏》，于咸淳年间（1265—1274）刊印。这本诗集对西湖的大部分景点进行了详细记述和歌咏。郭正祥也有诗集《钱塘西湖百咏》。南宋画院的宫廷画师刘松年、马远、马麟、陈清波等对前人的创作进行提炼概括，截取几个最有代表性的部分加以渲染，并以"断桥残雪""苏堤春晓""平湖秋月""花港观鱼"等命名。此风一开，西湖风光纷纷入画，逐渐从因景作画到因画名景。

图 3-12　南宋叶肖岩《西湖十景图》（台北故宫博物院藏）

据清王毓贤《绘事备考》等著录，刘松年画有《断桥残雪》
三幅、《三潭印月》一幅、《雷峰夕照》一幅、《苏堤春晓》
两幅、《南屏晚钟》两幅等。陈清波除画《西湖全景图》外，
还画有《三潭印月图》《苏堤春晓图》《断桥残雪图》《曲院
风荷图》《南屏晚钟图》《雷峰夕照图》等。又如张择端《南
屏晚钟图》、马麟《西湖十景册》、叶肖岩《西湖十景图》、释
若芬《西湖十景图》等。清陈文述《西泠怀古集》卷六《西
湖十景怀王洧、陈允平》云："西湖十景始于马远水墨之画，
人称'马一角'。僧若芬画之传世者，有《西湖十景图》。即祝
穆《方舆胜览》所载也。嗣是，陈清波、马麟又为十景写图，
王洧题以十诗，陈允平题以十词，十景之名遂相传至今。惟
《湖山胜概》《文园漫语》《无声诗》所载，互有异同。康熙中
圣祖南巡，亲洒宸翰，十景之名始定。"西湖十景形成时间有
先后，大约始于南宋中期的理宗时期，完善于度宗咸淳年间
（1265—1274）。南宋祝穆《方舆胜览》卷一记载："西湖，在
州西，周回三十里。其涧出诸涧泉，山川秀发。四时画舫遨游，

歌鼓之声不绝。好事者尝命十题，有曰：平湖秋月、苏堤春晓、断桥残雪、雷峰落照、南屏晚钟、曲院风荷、花港观鱼、柳浪闻莺、三潭印月、两峰插云。"《梦粱录》卷一二《西湖》也有相同记载："近者画家称湖山四时景色最奇者有十，曰苏堤春晓、曲院荷风、平湖秋月、断桥残雪、柳浪闻莺、花港观鱼、雷峰夕照、两峰插云、南屏晚钟、三潭映月。""西湖十景"构思糅合了西湖山水的代表性审美意象，形成"春夏秋冬四季之景，昼夜晨昏四时之景，东南西北四象之景，阴晴雨雪开合之景"的富有律动节奏的赏景时空序列。

第四章　四般闲事非戾家

一、一缕炉烟袅

《梦粱录》卷一九《四司六局筵会假赁》云："俗谚云：烧香点茶，挂画插花，四般闲事，不宜累家。"又《都城纪胜·四司六局》云："故常谚曰：烧香点茶，挂画插花，四般闲事，不许戾家。""戾家"又称"利家""力家""隶家"，与"行家"相对。原泛称某一行业中的生手或业余客串者，亦即外行。南宋张端义《贵耳集》卷上云："文人才士无以自见，碌碌无闻者杂进。三十年间，词科又罢，两制皆不是当行，京谚云'戾家'是也。"所谓"不许戾家"，即不能做外行。点茶、焚香、插花、挂画被宋人看作生活四事或文人四艺，是每家司事者都应做好的日常事务，也是文人雅士提高修养情趣的必修技艺。此四事通过嗅觉、味觉、触觉和视觉品味，将日常生活提升至艺术境界，且充实人的内在涵养与修为。是四般闲事，更是四般韵事。

北宋晁补之《生查子·东皋寓居，夏日即事》云："永日向人妍，百合忘忧草。午枕梦初回，远柳蝉声杳。薛井出冰泉，洗瀹烦襟了。却挂小帘钩，一缕炉烟袅。"此类描述在宋代颇多。宋人燕居焚香原是一种生存方式，是故家风流的赏心乐事之一。厅堂，水榭，书斋，闺阁，松下，竹间，总有几缕轻烟在平静中润泽生活。

焚香起源于祭祀活动，汉代时渐渐从礼仪活动中分离出来，引入日常生活。至唐代，点香之风于上层贵族间盛行。来自西域朝贡的香料，深得崇尚佛教的宫廷名流垂爱。盛唐时调香、熏香、评香已成高雅艺术，香道文化俨然成形。但由于香料来源有限，种类也少，除宗教和祭祀活动之外，香事仅流行于上流社会。宋代以后，海外贸易扩大，各种香料随海运进入，民间合香（香料的采集、加工、配制尤其是研磨混合）炼香日盛，香事才从宫廷飞入寻常百姓家。宋人行香事大概有

图 4-01 南宋李嵩《焚香祝圣图》（台北故宫博物院藏）

焚（爇、炷）香、含香、食香、熏香等方式，家居、宴客、读书时都会点香。北宋洪刍《香谱》卷上载香 80 余种，并介绍熏香、衣香、怀香、啖香、沐浴、傅粉诸用法。有悠悠香味入鼻，有袅袅香气入眼，有幽幽香韵入心，为审美时尚。香料有不同功效，熏香于室内可祛秽气，熏衣被可使衣物芳馨，也可防虫驱蚊或静神助眠。不少人尤其是女子往往口含香料或以香料入食物药物，以求身味芬芳。衣着妆容更是无物不香。而在氤氲的香气中读书品茶，静思冥想，更成了典型的文人雅事。

宋代文人留下很多有关香的轶事，如北宋欧阳修《归田录》记载名臣梅询喜欢日常焚香两炉使官服和房间有香气。《归田录》还记载欧阳修为感谢书法家蔡襄为他书写《集古录目序》，赠以茶、笔。后有人送"清泉香饼"给欧阳修，蔡襄以为若香饼早一些送到欧阳修手中，一定会随茶和笔一起送给他，遂有香饼来迟之憾。南宋淳熙元年（1174），周必大写信给刘焞，并以海南蓬莱香十两、蔷薇水一瓶为赠。宋人还留下大量优秀的咏香诗文，晏殊、晏几道、欧阳修、柳永、苏轼、黄庭坚、范成大、李清照、陆游、辛弃疾等都有咏香佳作。黄庭坚嗜香成癖，他的朋友贾天锡曾屡次制作清丽闲远、自然有富贵气的"意和香"赠送给他，还向他讨诗作为回礼。北宋元祐二年（1087），黄庭坚赠以《贾天锡惠宝薰乞诗，予以兵卫森画戟燕寝凝清香十字作诗报之》10首谈香小诗。他说自己"天资喜文事，如我有香癖"，"险心游万仞，躁欲生五兵。隐几香一炷，灵台湛空明"。传说黄庭坚还提出"香之十德"："感格鬼神、清净身心、能拂污秽、能觉睡眠、静中成友、尘里偷闲、多而不厌、寡而为足、久藏不朽、常用无碍。"黄庭坚诗作与香相关的有近90首，直接咏香的近30首，可见其对香的推崇。

　　现在常见的线香是在明代以后才流行起来的，宋香大多是以各种香材混合研磨的香粉或用香粉制成的香丸、香饼。

图 4-02 宋佚名《竹涧焚香图》（故宫博物院藏）

南宋陈敬《陈氏香谱》卷三《凝和诸香》记载北宋名臣韩琦的浓梅香方，并说明可以做成香丸，"圆如芡实，金箔为衣，十丸作贴"。焚香的方式以爇和炷为主，以闷香法（将香品点燃埋在香炭之中）或隔火熏香（隔火温香）法可使香气悠长、持久。为了方便，又常用香篆行香。南宋时印篆香特别兴盛，据说同中书门下平章事张浚等每日焚一盘资善堂印香。香篆是用香压和香篆印两种工具压塑成型、形似篆文的香饼，也叫"印香""压印香篆"。《梦粱录》卷一三《诸色杂货》云："且如供香印盘者，各管定铺席人家，每日印香而去，遇月支请香钱而已。"洪刍《香谱》卷下《香篆》云："镂木以为之，以范香尘为篆文，燃于饮席或佛像前。往往有至二三尺径者。"欧阳修《一斛珠》词"愁肠恰似沉香篆，千回万转萦还断"形象描绘了香篆的样子。香

图 4-03 北宋黄庭坚《制婴香方帖》（台北故宫博物院藏）

在古代常被当作一种计时工具，比如一炷香。香篆中的百刻香也可以计时。《香谱》卷下《百刻香》云："近世尚奇者作香篆，其文准十二辰，分一百刻，凡燃一昼夜已。"这种香燃烧一昼夜十二时辰，合漏壶箭杆上刻的一百格。

随着香的兴起以及品香制度的完善，品香器具也得到发展，如出现了许多精致的香炉。宋代香炉形制可分为继承型和创新型两大类。继承型的可细分为多足香炉、单足香炉、长柄香炉和仿生香炉，其中单足香炉又可细分为高足杯型香炉、莲花香炉、博山炉以及博山炉演变的球形带盖单足香炉；创新类的可细分为鼎式香炉、奁式香炉、鬲式香炉、簋式香炉。

北宋大多延续使用前朝
器形，南宋创新类大量
涌现，继承与创新两大
类同时存在。南宋中晚
期继承型渐渐消失，创
新型成为主流。北宋吕
大临《考古图》记载：
"香炉像海中博山，下

图 4-04 北宋汝窑三足奁式香炉（英国大英博物馆藏）

盘贮汤使润气蒸香，以像海之四环。"黄庭坚诗中常提及的香
炉有博山炉和睡鸭炉。由北宋陈敬《陈氏香谱》增益而成的
《新纂香谱》卷三《香品器》云："香炉不拘银、铜、铁、锡、
石，各取其便用。其形，或作狻猊、獬豸、凫鸭之类，计其人之
当作。头贵穿窾，可泄火气，置窍不用大，使香气回薄则能耐
久。"可见宋代香炉多为金属质地。从材质讲，瓷香炉的确不
是最佳选择，因为使用时需在炉底放置石英等隔热砂以防炉
壁过热炸裂，但因烧制成本低于金属质地的，且瓷质温润美
好，受到平民阶层的喜爱和推崇。宋人还常在未熄的香炭（香
灰）上放置瓷、云母、金钱、银叶、砂片等薄而硬的"隔火"，

再放香丸、香饼，借微火烤焙以缓缓释放香氛。除了香粉，香炭质地也影响隔火熏香效果，其制作及用料也很讲究。香炭要洁净松软、疏松透气，隔火片通常是陶或瓷，银叶或云母的功能更好。

宋代香事的兴盛使香药成为巨大产业。当时宫廷专门设有造香阁。北宋徽宗宣和年间（1119—1125）所造的香被称为"宣和香"，明周嘉胄《香乘》卷七《宣和香》引周密《癸辛杂识外集》云："宣和时，常

图 4-05 宋铜雕仙鹤形香薰（观复博物馆藏）

造香于睿思东阁。南渡后，如其法制之，所谓东阁云头香也。冯当世在两府使潘谷作墨，名曰福庭东阁，然则墨亦有东阁云。宣和间宫中所焚异香有亚悉香、雪香、褐香、软香、瓠香、猊眼香等。"南宋时有几位皇帝都迷于玩香，时常亲自调香合香。《香乘》卷七《诸品名香》云："宣政间有西主贵妃金香得名，乃蜜剂者，若今之安南香也。光宗万机之暇，留意香品，

合和奇香，号东阁云头香，其次则中兴复古香。以占腊沉香为本，杂以龙脑、麝身、薔葡之类，香味氤氲，极有清韵。"《陈氏香谱》卷二《宣和御制香》载有一则宣和御制香的制法："沉香七钱（锉如麻豆），檀香三钱（锉如麻豆，炒黄色），金颜香二钱（另研），背阴草（不近土者，如无，用浮萍）、朱砂二钱半（飞细），龙脑一钱，麝香（别研）、丁香各半钱，甲香一钱（制过）。右用皂儿白水浸软，以定碗一只，慢火熬，令极软，和香得所，次入金颜、脑、麝，研匀，用香蜡脱印，以朱砂为衣，置于不见风日处窨干，烧如常法。"因选材名贵、香味氤氲，宫廷所制薰香一直为世人所称道，并常被赋予雅名。如明徐应秋《玉芝堂谈荟》卷二八《内香燕九十二种》所云："江南宫中制香，名宜爱香，黄鲁直易名意可香。"宋代民间制香业也非常发达。《梦粱录》卷一三《诸色杂货》载："供香印盘者，各管定铺席人家，每日印香而去，遇月支请香钱而已。"另外，巷陌街市常有供香饼、炭墼，还有铜匙箸、铜瓶、香炉、铜火炉等薰香用的铜铁器。说明当时有专门替人家制香、包香的香铺，每天有人来铺中取香，最后按月结算香钱。香饼、炭墼、匙箸、铜瓶、香炉、铜火炉是薰香必备材料。民间还掌握

图 4-06 南宋"中兴复古"龙涎香饼（常州博物馆藏）

了许多秘制香方。《香乘》卷七《诸品名香》载："刘贵妃瑶英香，元总管胜古香，韩钤辖正德香，韩御带清观香，陈司门木片香，皆绍兴、乾、淳间一时之胜耳。庆元韩平原制阅古堂香，气味不减云头。番禺有吴监税菱角香，乃不假印手捏而成，当盛夏烈日中一日而干，亦一时之绝品，今好事之家有之。"民间香市是临安市场的重要组成部分。《武林旧事》卷三《中秋》载："御街如绒线、蜜煎、香铺，皆铺设货物，夸多竞好，谓之'歇眼'。""歇眼"即夜市。一些酒楼还有专门的卖香女，称为香婆。《香乘》卷一二《香婆》载："宋都杭时诸酒楼歌妓阗集，必有老姬以小炉炷香为供者，谓之香婆。"《武林旧事》卷六《酒楼》载："有老妪，以小炉炷香为供者，谓之香婆。有以法制青皮、杏仁、半夏、缩砂、豆蔻、小蜡茶、香药、韵姜、砌香、橄榄、薄苛，至酒阁分俵得钱，谓之'撒暂'。"

顺便说一下，最早的牙刷也与香有关。古印度人折柳树枝劈成两半，拿其中的一半刮牙，再将另一半放在嘴里嚼一会吐出来。所以佛陀管柳树叫"齿木"。佛教传到中国后，中国僧侣也开始模仿。至唐代，有僧人发明牙香，牙香是用香料和药材合成的名贵牙膏。洪刍《香谱》卷下《香之法》载有多种牙香制法，一般用沉香、檀香、麝香、冰片等磨成粉末，再用熬好的蜂蜜拌匀，密封到瓷坛子里。饭后舀一点含在嘴里，然后咽下去，以此清新口气。因牙香成本太高，北宋初又有僧人发明牙香筹。牙香筹是牙刷和牙膏的结合，用香料和药材在模具里压成牙刷模样，装在小袋子里挂在腰带上。饭后放进嘴里上下左右擦几遍，然后漱口。膏状的牙香是一次性的，而牙香筹却可以刷很多次。北宋中叶以后刷牙的习惯走出寺院，普及到全社会，又有人发明与今日类同的牙刷。这种牙刷以竹木做柄，一头植上马尾，用以蘸青盐和药材制成的牙粉。牙粉是干粉状物品，蘸到牙刷上容易掉，于是又有人发明更廉价的牙膏。方法是将柳树枝剁碎扔到锅里，添满水熬成胶状物，再用姜汁混合。宋人称牙刷为"刷牙"，又叫"刷牙子"。《梦粱录》卷一三《铺度》记载，狮子巷口有凌家刷牙铺，金子巷口有傅官人刷牙铺。又《诸色杂货》记载有刷牙子，说明当时牙刷已经商品化。

宋代海上丝绸之路比唐代更为繁荣，香料贸易占比越来越大，故又有"香料之路"之称。南亚和西亚的沉香、檀香、熏陆、龙涎、苏合、丁香等通过广州、泉州等进口，中国盛产的麝香等则向南亚和欧洲出口。1973 年，泉州后渚港出土的宋代沉船中有大量来自东南亚的香药。宋代香药榷易甚严，多数香料实行专卖。《宋史》卷一八五《志第一百三十八·食货下七》云："宋之经费，茶、盐、矾之外，惟香之为利博，故以官为市焉。"徐松辑《宋会要辑稿·职官四四》载："太平兴国初，京师置榷易院，乃诏诸蕃国香药、宝货至广州、交趾、泉州、两浙，非出于官库者，不得私相市易。"北宋毕仲衍《中书备对》卷二载，熙宁十年（1077），明州（今浙江宁波）、杭州、广州三市舶司所收乳香 354449 斤。《东京梦华录》载北宋开封皇家有香药库、民间有香药铺，《清明上河图》描绘了开封闹市的"刘家上色沉檀拣香"香铺。广州南海县（今佛山南海区）有专门的香户、香市。

二、绿泛一瓯云

宋朱敦儒《好事近·绿泛一瓯云》词云："绿泛一瓯云，留住欲飞蝴蝶。相对夜深花下，洗萧萧风月。从容言笑醉还醒，争忍便轻别。只愿主人留客，更重斟金叶。"上阕极言茶的形

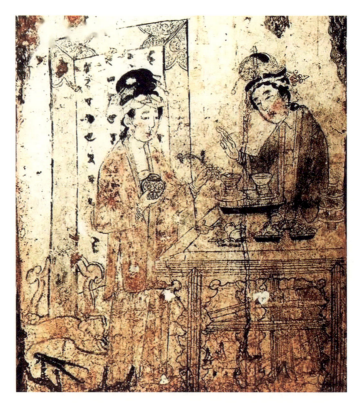

图 4-07 河南省登封市黑山沟村北宋李守贵墓 壁画《备茶图》

态之美，下阕又言以茶留客之情感。茶文化在唐代已经大兴，至宋代进入极盛。

宋代与唐代一样仍行"末茶法"，即饮用茶末或茶粉，而非明清以后的散条形茶，但宋代较唐代在茶叶制作、烹茶方式、茶风茶俗、茶具等方面有不少改进。宋徽宗《大观茶论》序称，宋代的茶"采择之精、制作之工、品第之胜、烹点之妙，莫不盛造其极"，说宋茶在四个方面超越了唐茶。所谓"采择之精"，即对采茶的季节、天气、技艺等的要求和鲜茶的拣择更加严格。唐代多在农历二月至四月之间采茶，宋代则具体到农历惊蛰前后。唐代多在晴朗无云的天气采茶，宋代已认

图 4-08　南宋刘松年《斗茶图》（台北故宫博物院藏）

识到清晨的露水可以滋润茶芽，受日光照射后品质就会下降。《大观茶论·采择》云："撷茶以黎明，见日则止。"为了保持茶芽洁净，防止气汗熏渍，又规定用指甲掐摘茶芽，而非以手指捏摘茶芽。所谓"制作之工"，指饼茶加工精细。饼茶蒸后普遍增加榨茶工艺以去苦汁。先是用水多次淋洗蒸过的茶叶，然后放入小榨床挤干，再用布帛包扎并裹上竹皮放入大榨床榨出苦汁。宋代还重视采用和发展饼茶拍制工艺，又在饼茶上饰以龙、凤、云彩、花卉等精美图案，增加观赏性。所谓"品第之胜"，指鉴辨更为精深。唐代有陆羽《茶经》品评天下名茶。宋代产生了许多新的名茶，如北苑茶。北苑茶产于福建建溪流域，是以龙凤图案模具制作的蒸青团茶，所以又名龙凤茶、龙团凤饼。《大观茶论》序云："龙团凤饼，名冠天下。"又其《鉴辨》云："色莹彻而不驳，质缜绎而不浮，举之则凝结，碾之则铿然，可验其为精品也。"茶饼颜色晶莹透彻而不杂乱，质地紧密而不浮华，拿在手里时坚实，用茶碾碾时铿然有声，才是茶中精品。所谓"烹点之妙"，指泡制工艺精妙。宋人用茶碾或水磨代替唐代的杵臼，将蒸榨后的茶叶碾磨成极细的糊状物制成茶膏，不仅极大提高了劳动生产率，降低了生产成本，而且使茶叶质量更有保证，点茶时也更富美感。

唐代烹饮主流是煎茶，宋代则改为点茶。唐代陆羽《茶经》卷下《五之煮》记载的"三沸煎茶法"，唐末五代被新出现的、更为艺术化的"点茶法"取代。点茶用水须过二沸，刚到第三沸为佳。点茶前先将茶盏烫热，再将茶粉置于茶盏中调成一定浓度和黏度的膏状物。注水时用精细切割而成的

图 4-09 南宋佚名《饮茶图》（美国弗利尔美术馆藏）

竹片制成的调茶工具茶筅击拂茶盏中的茶膏，边点边搅，使茶与水均匀混合成乳状茶液。以茶液表面的白色茶沫多而持久为佳。南宋陆游《临安春雨初霁》诗写到分茶，分茶是点茶的进阶版，在宋代很流行。分茶即冲制具有纹脉图案的茶汤。因类似在茶汤上作画书写，所以也叫"水丹青"或"茶百戏"。点茶法使饮茶向艺术化方向发展，但因过于精细而逐渐失去群众基础，于宋代晚期衰落。明代初年基本退出历史舞台，被简单易行的泡茶法取代。

宋代以前往往茶饼掺香。到北宋仁宗时，为保茶之真香，北苑上贡"小龙团"茶不入香，此后贡茶不再掺香。为保证茶香纯正自然，宋代在采茶、制茶及藏茶方面多有讲究。采茶方面，山阴黑土所产之茶比山阳赤壤之茶更香郁，山势低平之茶比高峻险拔之茶多土气，老茶比嫩茶甘稍寡而香愈甚。蒸茶方面，蒸茶必熟，未熟则存草木之气。但也不得过熟，过之则染焦釜之味，还须避烟，受烟则夺其真香。藏茶方面，须用竹叶，忌加香料。为保持茶之原香，须每隔两三日用竹叶裹之，以温火慢炙，以驱湿气。受制茶讲求纯香风气的影响，宋人饮茶也开始由喜杂香料转向清淡纯粹一途。

宋人对茶之真香有不同的品味，当时的诗词多有品题。一是稚子之香。北宋欧阳修《和梅公仪尝建茶》诗云："摘处两旗香可爱，贡来双凤品尤精。"两缕嫩芽，其香虽稚，其气却馨。二是仙人之香。黄庭坚《满庭芳》词云："一种风流气味，如甘露，不染尘凡。"逍遥于红尘之外，独立于天地之间，超凡脱俗。三是君子之香。强至《谨和答惠茶之什》诗云："绿云浮面味回长，每饮疑兼盛德香。"谢人惠茶，赞以盛德。四是人之香。苏轼《次韵曹辅寄壑源试焙新茶》诗云："洗遍香肌粉未匀……从来佳茗似佳人。"冰肌玉骨，馥郁芬芳。稚子，仙人，君子，佳人，其香清馨，其香清冥，其香清永，其香清佳，是对返璞归真、古朴清雅、素淡脱俗境界的追求，也是理想人格的体现。范仲淹《和章岷从事斗茶歌》乃谓："斗茶香兮薄兰芷……屈原试与招魂魄。"对茶之真香的追求使宋人逐渐形成对茶茗清爽悦目的偏好，而这又恰与文人追求清正高洁的精神旨趣相一致。茶因此有了人格象征意义，如北宋吕陶《和毅甫惠茶相别》诗云"有味皆清真，无暇可指摘"，南宋杨万里《谢木韫之舍人分送讲筵赐茶》诗云"故人气味茶样清，故人风骨茶样明"。

北宋特别是北宋早期，受药用观和养生观影响，不少人也喜欢在茶中溶入饮子。饮子是中药汤剂，也称汤、熟水等，一般用甘草等中草药研磨成屑和水煎成。饮子的起源很早，原是服饵养生家的造作，与茶一样有养生作用。唐代煎茶加物已经比较普遍。虽然以陆羽为代表的一些文人雅士主张清饮，但是民间煎茶加入葱、姜、枣、橘皮、茱萸、薄荷等已成习俗。宋人更具开拓性，所成就的各类果茶和花茶品类繁多。陆游《荆州歌》言及"茱萸茶"，《西窗》诗提到姜茶，《初春书怀》诗说到梅花茶，《夏初湖村杂题》《午坐戏咏》等诗多次提及橄榄茶。梅尧臣《和范景仁王景彝殿中杂题三十八首并次韵·七宝茶》诗云"七物甘香杂蕊茶"，称有七物入茶。苏辙《和子瞻煎茶》诗云："君不见，闽中茶品天下高，倾身

143

图 4-10 南宋佚名《斗浆图》（黑龙江省博物馆藏）

事茶不知劳。又不见，北方茗饮无不有，盐酪椒姜夸满口。"在茶中加盐或奶酪，则是受游牧民族的影响。虽然当时的文人仍以清饮为主，但也能反陆羽之道，附和民间的煎茶加物，丰富了茶道内涵。宋代还流行茶、汤互补，即以茶水和饮子分别待客，形成汤茶一体的待客程式。汤为保健药汤，如沉香汤、紫苏汤等。黄庭坚《煎茶赋》云"寒中瘠气，莫甚于茶"，故煎茶"佐以草石之良"，"所以固太仓而坚作强"，既"亦厚宾客"又"发挥其精神"。这说明宋人先茶后汤乃基于药理。传南宋人徐度撰《南窗纪谈》则云："客至则设茶，欲去则设汤，不知起于何时。然上自官府，下至闾里，莫之或废。有武臣杨应诚独曰：客至设汤是饮人以药也，非是。故其家每客至，多以蜜渍橙木瓜之类为汤饮客，或者效之。予谓不然，盖客坐既久，恐其语多伤气，故其欲去，则饮之以汤。前人之意必出于此，不足为嫌也。"北宋朱彧《萍洲可谈》卷一也有类似记载。此为一说。从宋词反映的现象来看，似为饮茶意为留客，饮汤意在送客。不过以汤送客的习俗至北宋末年开始消亡。南宋袁文《瓮牖闲评》卷六云："古人客来点茶，茶罢点汤，此常礼也。近世则不然，客至点茶与汤，客主皆虚盏，已极好笑。"而随着对茶之真香的追求，汤茶一体的模式淡化，茶入饮子则逐渐消亡。北宋蔡襄《茶录》云："建安民间试茶皆不入香，恐夺其真。若烹点之际，又杂珍果香草，其夺益甚，正当不用。"

中唐以后形成的斗茶、茶会（茶宴）等茶俗在宋代得到发扬光大，于社会各阶层盛行。宋代又称斗茶为"茗战"。范仲淹写过 42 行的长诗《和章岷从事斗茶歌》，夸张地描写斗茶之乐。斗茶在讲究点茶技艺高超外也讲究茶、水、器。决定胜负的主要是茶汤颜色和汤花。颜色主要由茶质决定，也与水质和器皿色泽有关。《大观茶论·色》云："点茶之色以纯白为上真，青白为次，灰白次之，黄白又次之。"汤花主要由点茶技艺决定。首重白色，次看水痕，茶沫和水离散的痕迹持久者为胜。宋代茶会蔚然成风，是社交和信息交流的重要方式。当时还形成了一些新的茶礼、茶俗，影响最为广泛深远，直至今日仍存的当属为来客敬茶。传南宋人徐度撰《南窗纪谈》云："客至则设茶，欲去则设汤，不知起于何时。然上至官府，下至闾里，莫之或废。"这与今天的习惯一样。婚礼下茶的习俗也始于宋代。在茶具方面，因点茶法取代煮茶法，茶注（执壶、注壶）遂取代唐代的鍑（大口锅）而为主器。又相应推出点茶用的茶匙、茶筅等。因饮茶品茗的艺术化，茶具的样式、选料和颜色等也发生变化，向更有利于发挥点茶最佳功能的方向发展。如唐代茶盏样式比较简单，宋代则既要求壁厚，又要求呈深腹、斜腹壁和敞口状，以利于点茶。

茶味的甘滑适口给人以诗意，也催生了茶文化。宋代出现无数与茶相关的诗文。苏轼、黄庭坚、王禹偁、林逋、范仲淹、欧阳修、王安石、梅尧臣、苏辙、陆游、李清照、文天祥等都写过许多茶诗文。陆游的茶诗最多，有300多首，如《试茶》《雪后煎茶》《喜得建茶》《同何元立、蔡肩吾至东丁院汲泉煮茶》《饭罢碾茶戏书》《昼卧闻碾茶》《效蜀人煎茶戏作长句》等。《雪后煎茶》诗云："雪液清甘涨井泉，自携茶灶就烹煎。一毫无复关心事，不枉人间住百年。"梅尧臣《尝茶和公仪》诗云："汤嫩水清花不散，口甘神爽味偏长。"又《以莲心茶送巩使君小诗将之》诗云："初尝似带莲心苦，回味宁输崖蜜甜。"周紫芝《摊破浣溪沙·茶词》诗云："更待微甘回齿颊，且留连。"郑清之《茶》诗云："书如香色倦犹爱，茶似苦言终有情。"文天祥《太白楼》诗云："男儿斩却楼兰首，闲品茶经拜羽仙。"其中包含着一种哲思，由略苦微涩中入，由香润甘滑中出。好苦思，故常有"柳暗花明"之悟；喜悟省，因多秉"三省吾身"之志。宋代还多茶画，如南宋刘松年的《斗茶图》和无名氏的《斗浆图》表现了斗茶情景，刘松年还有《卢全烹茶图》《茗园赌市图》等茶事名作。他的《撵茶图》和徽宗的《文会图》则描绘了文人雅士品茗场景。

　　由唐入宋，饮茶之风由兴转盛。茶之形制从粗具规模到日益精细，茶之气味自浓郁杂琐到纯粹清淡。茶之始兴缘于禅宗的盛行，而后又因超凡脱俗之性多为文士所赏爱，一如唐元稹《茶》诗所云："香叶，嫩芽。慕诗客，爱僧家。"唐人所饮之茶多为青碧常色，所用之瓯多推玉色越瓷，传达出有唐一代以自然灵动为美的韵致情调。喜用香草佐茗和好以甘辛之物烹饮，反映了当时不习清淡、偏爱香浓的社会风尚。而茶味的多苦少甘又令中晚唐文人将品茶与苦吟相联系，从而使茶饮带有一种幽孤凄寒的末世情怀。宋代使饮茶之风带有更多的精致淡雅之色，包括对茶色的极致追求、对纯香的多方讲究、对清味的推崇偏好等，并使品茶斗茗成为一种雅事。饮茶经由宋人的改造而由佛殿道坛步入文苑世界，在淡化其寂寞寥落色彩的同时，以清新淡远之性与美学理想契合，成为宋代或宋韵文化不可或缺的符号。

三、画以适吾意

挂画指悬挂鉴赏书画诗词卷轴。宋代士大夫流行挂画，他们家中往往挂有名家书画。每遇雅集、聚会之时，通常都会挂一些自己的作品或收藏的作品供文友品评鉴赏。宫廷中也风行挂画，寺观中也同样有这种风尚。百姓日常生活中也有固定或不固定的相关陈设。南宋临安设有专门代理宴席服务的"四司六局"。除了办酒席，其中的帐设司可以租赁屏风、绣额、书画等物事，排办局可以帮着挂画、插花。坊间茶楼酒肆也挂名人字画装点门面。《梦粱录》卷一六《茶肆》云："汴京熟食店张挂名画，所以勾引观者，留连食客，今杭城茶

图 4-11　宋佚名《消夏图》（苏州博物馆藏）

肆亦如之。"《都城纪胜》也有类似记载。如能得几张苏轼、
米芾的书画作品悬挂店堂，则对提升店的品位、扩大生意有
助益。据说宋太祖为汴梁城东门外的茶肆赐画图，使之名声
大振，此后宋代饮茶挂画之风盛行。

图 4-12　北宋佚名《二我图》（台北故宫博物院藏）

挂画不但是艺术，也是学问。南宋赵希鹄《洞天清录·古画辨》介绍了挂画之法："择画之名笔，一室止可三四轴。观玩三五日，别易名笔，则诸轴皆见风日决不蒸湿，又轮次挂之，则不惹尘埃。时易一二家，则看之不厌。然须得谨愿子弟，或使令一人细意卷舒出纳之。日用马尾或丝拂轻拂画面，切不可用棕拂。室中切不可焚沉香、降真、脑子，有油多烟之香，止宜蓬莱笺耳。窗牖必油纸糊，户口常垂帘。一画前必设一小案以护之。案上勿设障面之物，止宜香炉、琴、砚。极暑则室中必蒸热，不宜挂壁。大寒于室中渐著小火，然如二月天气候，挂之不妨。然遇寒必入匣，恐冻损。"宋佚名《消夏图》描绘夏日树荫下一仆人以画叉举一卷轴画让主人欣赏。另外，宋佚

名《二我图》画一文
人坐像，背后屏风挂其
画像。王安石《汀沙》
诗云："归去北人多忆
此，每家图画有屏风。"
宋代较多以绘画屏风
作为室内空间隔断，以
屏风绘画与悬挂画轴
同时装饰则比较奇特。
该画所见为典型的"宣
和裱"（宋式裱），上
为天头，中有惊燕（经
带）二条，左右两侧是
框档，中间接本幅，下
为地头、轴杆，露出红
色轴头。惊燕是飘带，
用于惊防飞燕。清梁
绍壬《两般秋雨庵随

图 4-13　南宋周季常、林庭珪《五百罗汉像·阿
弥陀佛画像供养》（日本京都大德寺藏）

图 4-14 明计成《园冶·屋宇》"七架酱架式"示意图

笔》卷七《惊燕》云："凡画轴装裱既成，以纸二条附于上，若垂带然，名曰惊燕。其纸条古人不粘，因恐燕泥点污，故使因风飞动以恐之也。"

　　日本京都大德寺藏南宋周季常、林庭珪的画作《五百罗汉像·阿弥陀佛画像供养》中有一僧人双手高举画叉挂画情景。最上端用来悬挂的绳线以及天杆（上杆）、天头部分被遮挡，画心两边有框档，下半部的地头、轴头被一僧人轻托着卷起，准备缓缓放下。此画轴似贴壁悬于厅堂梁架之下。明计成《园冶·屋宇》提到"七架酱架式"，即"不用脊柱，便于挂画，或朝南北，屋傍可朝东西之法"。明式建筑与宋式建筑的营造虽有所不同，但室内挂画方式或有类同。此画系列还有一幅《观音画像之礼拜》，画一童子手持画叉，其顶端"U"形钩勾住悬挂的绳线。该画完整描绘了一种画心两边无框档的较古老的裱式。宋人还常将画临时悬于室外空间观看礼拜。描绘室外观看书画的绘画作品在宋代颇多见，题材多为文人雅集，如佚名《十八学士图》之四、刘松年摹周文矩《十八

学士图》、张训礼《围
炉博古图》、佚名《博
古图》等。

　　诗言志，画言情，
卷轴上的书画藏着作者
的心境、观者的品位。
文人看画中山水，也看
自己；听画中松风，也
听心声。南宋马远《西
园雅集图》以白描手
法描绘了苏轼、黄庭坚
等16位文人在驸马都
尉王诜府邸做客聚会
的情景。他们在松桧梧
竹、小桥流水间写诗作
画、题石拨阮、看书说
经，享受宴游之乐。苏

图 4-15　南宋周季常、林庭珪《五百罗汉像·观
音画像之礼拜》（日本京都大德寺藏）

轼《书朱象先画后》云："能文而不求举，善画而不求售，曰

文以达吾心，画以适吾意而已。"文人挂画不仅仅是耳目之娱、社交之谊，更多的是志向所寄。宋代士大夫又流行挂自己的肖像画。苏轼、黄庭坚、苏辙、朱熹、陈亮、辛弃疾、杨万里、陆游、周必大、刘克庄等，家中都挂有自己的肖像画。如上文提及的《二我图》，这是一种自我意识的表达。士大夫还常写"画像赞"，自我评价、自我调侃。苏辙《写真自赞》云："心是道士，身是农夫。误入廊庙，还居里闾。秋稼登场，社酒盈壶。颓然一醉，终日如愚。"黄庭坚《写真自赞》云："或问鲁直：似不似汝？似与不似，是何等语！前乎鲁直，若甲若乙，不可胜纪；后乎鲁直，若甲若乙，不可胜纪。此一时也，则鲁直而已矣。一以我为牛，予因以渡河而彻源底；一以我为马，予因以日千里。"鲁直是黄庭坚的字。黄庭坚说，"似与不似"这个问题难以回答。人事生灭无常，相续不断，没有恒常不变的存在。每一次看自己的画像，就如同面对另一个"我"。一个"我"活于当下，另一个"我"定格在某一时空。当"我"与"我"相对，你会看到从前的容颜、过去的年华、岁月的流逝、昨日之"我"与今日之"我"的不同，甚至还会联想到明日之"我"。"一以我为牛""一以我为马"，两句出自《庄

图 4-16　北宋佚名《十八学士图》之一（台北故宫博物院藏）

子·内篇·应帝王第七》，意指不辨物我是非。"渡河而彻源底"表达本性不移，"以日千里"表现速以增进。

由于热衷挂画品鉴，宋代绘画理论得到较大发展，出现了许多画评、画论、著作，如北宋刘道醇《宋朝名画评》《五代名画补遗》、黄休复《益州名画录》、郭若虚《图画见闻志》、苏轼《东坡评画》、董逌《广川画跋》、李廌《德隅斋画品》，南宋邓椿《画继》等。最著名的是北宋徽宗宣和年间（1119—1125）官方主持编撰的宫廷藏画著录《宣和画谱》。与此前南朝谢赫《画品》、宗炳《画山水序》和唐代裴孝源《贞观公私画录》、朱景玄《唐朝名画录》、张彦远《历代名画记》等相比，宋代这方面著作无论是数量和规模，还是审美品评标准以及理论系统性方面，都有了长足的进步。从唐代"神品"的独占鳌头到宋代"逸品"的后来居上，从分科的单一到"百花齐放"，从教化工具论到审美价值自觉，从对技法的注重到对意境的追求，都体现了审美水平的提升。

唐代张怀瓘《画品断》最早对绘画进行分品分等，该书将绘画分为神、妙、能三品，称"象人之美，张得其肉，陆得其骨，顾得其神。神妙无方，以顾为最"。说张僧繇能突破瘦削一格而写丰腴，陆探微用笔刚劲有力，顾恺之则能传神写照。神品列三品之首。朱景玄著《唐朝名画录》发展了这一理论："以张怀瓘《画品断》'神、妙、能'三品定其品格，上、中、下又分为三。其格外有不拘常法，又有逸品以表其优劣。"第一次提出"逸品"的概念，但并未注明"逸品"之高下。此后，张彦远《历代名画记》还将标准分为"自然、神、妙、精、谨细"五等。将自然列于神品之前，说明张彦远对"师法自然"这一魏晋以来的审美传统的重视。北宋初黄休复《益州名画录》提出"逸、神、妙、能"四格排序，对朱景玄"四格说"给予明确解释。黄休复将"逸格"排在四格之首，认为"画之逸格，最难其俦。拙规矩于方圆，鄙精研于彩绘，笔简形具，得之自然，莫可楷模，出于意表。故目之曰逸格尔"。这个解释似乎未卜先知地概括了宋代文人画的特点，尤其是大写意画法的文人画。由于唐末战乱，继承宫廷传统的西蜀和独树一帜的南唐成为当时绘画的中心，四川地区的品评标准也在一定程度上代表了唐末至宋初的审美趣味。北宋刘道醇《宋朝名画评》《五代名画补遗》则又恢复"神、妙、能"三品的排序。《宋朝名画评》指出："夫善观画者，必于短长工拙之间，执六要凭六长，而又揣摩研味，要归三品。三品者，神妙能也。品第既得，是非长短，毁誉工拙，自昭然也。"这与宋代画院逐渐形成的重法度、尚精致的审美趣味相符。到宣和年间（1119—1125），画院在特别崇尚技术的同时也十分重视格调、立意，企图调和品评标准，出现了以"神、逸、妙、能"四格为序的新评价序列。而到了南宋，邓椿又恢复了黄休复的四格排序。其《画继·论远》云："自昔鉴赏家分品有三：曰神，曰妙，曰能。独唐朱景真（玄）撰唐贤画录，三品之外，更增逸品。其后黄休复作《益州名画记》，乃以逸为先而神妙能次之。景真（玄）虽云'逸格不拘常法，用表贤愚'，然逸之高，岂得附于三品之末？未若休复首推之为当也。至徽宗皇帝专尚法度，乃以神、逸、妙、能为次。"这是文人审美情趣的流露。

唐代以前的绘画论著并没有提出画科分类，这种自觉是唐宋绘画审美评价体系发展的又一重要表征。唐朱景玄《唐朝名画录》序云："夫画者，以人物居先，禽兽次之，山水次之，楼殿屋木次之。"可以看出唐代已有了明确的分科意识。北宋刘道醇《宋朝名画评》将画分为人物、山水、林木、畜兽、花竹翎毛、鬼神、屋木等七门，《五代名画补遗》则分为人物、

图 4-17 《宣和画谱》现存最早的刊本元大德六年（1302）杭州吴氏刊本（台北故宫博物院藏）

山川、走兽、花竹、屋木、塑作、雕木七门，更加精细，理论也更加成熟。其中《五代名画补遗》也是中国古代美术史籍中唯一为雕塑专门分类的著作。《宣和画谱》则将所记作品分为道释、人物、宫室、番族、龙鱼、山水、畜兽、花鸟、墨竹、蔬果十门。南宋邓椿《画继》分为仙佛鬼神、人物传写、山水林石、花竹翎毛、畜兽虫鱼、屋木舟车、蔬果药草、小景杂画八门，将佛道题材绘画作为单独一类，并且排在人物之前。

唐裴孝源在《贞观公私画录》中强调绘画要反映客观现实，为政治服务。他认为绘画是写"有形可明之事，前贤成建之迹"，主要作用是将"忠臣孝子，贤愚美恶""图之屋壁，以训将来"，具有教化功能。张彦远《历代名画记》除强调绘画"成教化，助人伦，穷神变，测幽微，与六籍同功，四时并运"外，又总结出绘画具有"指事绘形，可验时代"的认识作用和"怡悦情性""怡然以观阅"的美感娱乐作用。北宋郭若虚继承张彦远的思想，他的《图画见闻志》也提出绘画三方面的功能，即"指鉴贤愚，发明治乱"（教化作用）、"指事绘形"（认识作用）、"寄高雅之情"（抒情、审美作用）。南宋邓椿《画继》则特别强调绘画所具有的反映客观的表现功能和抒情寓意的表情功能，前者如"画之为用大矣，盈天地间者万物，悉皆含毫运思，曲尽其态"，后者如说"李营丘，多才足学之士也。少有大志，屡举不第，意无所成，故放意于画……兴君子之在野也。其余窠植尽生于平地，亦以兴小人在位。其意微矣"。由此逐步从重"成教化，助人伦"的认识发展到与"含毫运思，曲尽其态""怡悦情性""放意于画"等的结合，进而形成融教化功能、认识功能、抒情寓意功能为一体的理论体系。

南朝谢赫《画品》提出"六法"，认为绘画艺术在反映客观现实时应该"应物象形"，即画家须按照客观对象具有的面貌来表现。《宣和画谱》进一步要求画家在表现现实的时候，不仅要刻画对象的形与神，而且还要强调立意、内涵。如卷一五《花鸟叙论》提到"花之于牡丹、芍药，禽之于鸾凤、孔翠，必使之富贵。而松、竹、梅、菊、鸥、鹭、雁、鹜必见之幽闲"。《宣和画谱》卷一〇《山水叙论》还赞同郭若虚关于画家人格修养的观点："且自唐至本朝以画山水得名者，类非画家者流，而多出于缙绅士大夫。""人品甚高，若不可及。"邓椿《画继》也同样发扬了郭若虚的观点，重创新，轻学古，轻

形似，轻规矩法度。他认为"画之六法，难于兼全"，曲尽万物
之态，只有一法："传神而已矣。"同时，非常强调绘画美是画
家人格美的表现，要求画家进行创作时力避"近众工之事"。

四、小瓶春色一枝斜

　　容器插花发源于佛教，花为佛教六大供养物之一。供养
莲花有表达洁净的意义，以钵供养莲花在寺院中十分常见。
东汉以后容器插花脱离宗教世俗化，在皇家和民间都开始流
行。到宋代更是成为一种高雅的生活艺术方式，深受各阶层
喜爱，尤其是文人居留场所，瓶花不可或缺，与笔墨纸砚、琴
棋书画等一同构成必要的生活场景。今人扬之水《宋代花瓶》
一文指出："鲜花插瓶不是中土固有的习俗，而瓶花最早是以
装饰纹样率先出现在艺术品中，它与佛教相依在中土传播，
走了很远的路。从魏晋一直到南北朝，从西域一直到中原，到
南方。瓶花虽然作为纹饰早就是艺术形象中为人所熟悉的题
材，而花瓶一词的出现，特别是有了人们普遍认可的固定样
式，却是很晚的事——大约可以推定是在北宋中晚期。如果把

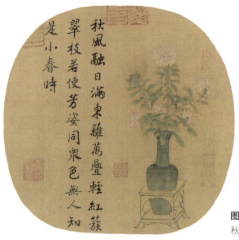

秋風融日滿東籬萬疊輕紅簇
翠枝若使芳姿同眾色無人知
是小春時

图 4-18 宋佚名《胆瓶秋卉图》（故宫博物院藏）

对它的叙事分作两个不同语汇的叙事系统，那么可以说一个是实物的，其中包括各种图像；一个是文献的，其中包括诗词歌赋。在以实物为语汇的叙事系统中，瓶花是从魏晋南北朝而隋唐，而两宋，直至元明清的一个始终不断的繁荣史。而在以文献为语汇的叙事系统中，花瓶是从晚唐五代开始进入人们赏爱品鉴的视野，直到两宋才成为日常生活中不可或缺的装点，由此而发展成为典丽精致的生活艺术。至于两套叙事系统的合流，则完成于宋代，并且自此以后开始沿着共同的走向，向着丰满一途发展。"❶

宋代上层社会赏花规模很大，极具排场。北宋张邦基《墨庄漫录》卷九载："西京牡丹闻于天下。花盛时，太守作万花会。宴集之所，以花为屏帐。至于梁栋柱拱，悉以竹筒贮水簪花钉挂，举目皆花也。"南宋周密《武林旧事》卷二《赏花》载："禁中赏花非一……堂内左右各列三层，雕花彩槛，护以彩色牡丹画衣，间列碾玉水晶金壶及大食玻璃、官窑等瓶，各簪奇品，如姚魏、御衣黄、照殿红之类几千朵……至于梁栋窗

❶扬之水：《宋代花瓶》，《故宫博物院院刊》2007 年第 1 期。

户间，亦以湘筒贮花，鳞次簇插，何翅万朵。"又卷三《端午》载："以大金瓶数十，遍插葵、榴、栀子花，环绕殿阁。"卷七《乾淳奉亲》描述临安聚景园："又别剪好色样一千朵。安顿花架，并是水晶玻璃、天青汝窑金瓶。就中间沉香桌儿一只，安顿白玉碾花商尊。约高二尺，径二尺三寸，独插照殿红十五枝。"插花在民间广泛流行，北宋欧阳修《洛阳牡丹记》云："洛阳之俗，大抵好花。春时城中无贵贱皆插花，虽负担者亦然……大抵洛人家家有花。"南宋吴自牧《梦粱录》卷一三《诸色杂货》载："四时有扑带朵花，亦有卖成窠时花，插瓶把花、柏桂、罗汉叶，春扑带朵桃花、四香、瑞香、木香等花，夏扑金灯花、茉莉、葵花、榴花、栀子花，秋则扑茉莉、兰花、木樨、秋茶花，冬则扑木春花、梅花、瑞香、兰花、水仙花、腊梅花，更有罗帛脱蜡像生四时小枝花朵，沿街市吟叫扑卖。"商家都喜欢用插花装饰门面。《梦粱录》卷一六《茶肆》载："汴京熟食店，张挂名画，所以勾引观者，留连食客。今杭城茶肆亦如之，插四时花，挂名人画，装点店面。"南宋杨万里《道旁店》诗云："路旁野店两三家，清晓无汤况有茶。道是渠侬不好事，青瓷瓶插紫薇花。"

文人插花赏玩更是一种生活内容。南宋晁公遡《咏铜瓶中梅》云："折得寒香日暮归，铜瓶添水养横枝。书窗一夜月初满，却似小溪清浅时。"杨万里《坐上赋瓶里梅花》云："胆样银瓶玉样梅，北枝折得未全开。为怜落寞空山里，唤入诗人几案来。"文人游园访友，往往折枝相赠，南宋李光《中春之初，与诸友游黎氏园，荆华赠予桃花一枝，归置瓶中，连日不凋，因成两绝，示同行，且令同赋》、杨万里《昌英知县叔作岁，坐上赋瓶里梅花，时坐上九人》（七首）等诗对此广有描述。宋代诗词、绘画、笔记、小说对瓶花的描写也显著增多。由于常被歌咏，还形成了"瓶花诗"。瓶花诗是咏花诗中特殊的一类，其观照视角、表现方式、审美情趣都有特殊性。留存的宋诗、宋词涉及瓶花的作品有 200 多首。南宋初陈与义《梅花》（二首）其二云："画取维摩室中物，小瓶春色一枝斜。梦回映月窗间见，不是桃花与李花。"又南宋末释绍嵩《咏梅五十首呈史尚书》其三九云："小瓶春色一枝斜，天下无双独此花。冰玉精神霜雪操，寂寥相对是仙家。"极言瓶中梅花特殊的气格风韵。

宋代还形成了插花艺术思想，为传统插花理论体系的建立奠定了基础。南宋范成大《范村梅谱》提出"梅以韵胜，以格高，故以横、斜、疏、瘦，与老枝怪奇者为贵"的赏梅标准，这也是插花的艺术准则之一。许多瓶花诗描述了宋代插花的花材搭配和花色组合，显示了当时的审美趣味，杨万里《瓶中红白二莲》《瓶中梅杏二花》、许棐《蜡梅江梅同瓶》诗就是例证。宋代插花花材多用松、柏、竹、梅、兰、莲、菊、桂、山茶、水仙等素雅者，以清为精神所在，以疏为意念依归。或半簇桃花，或一枝蜡梅，宛如半边一角的宋画。冬日韵胜格高的梅，春日淡泊清疏的兰，夏日素洁静雅的莲，秋日清高瘦劲的菊，凸显极简的线条构图美，也以特定寓意彰显插花者的个性。外应季节变换之景，内寄主人心境情志。搭配以各种造型色彩的陶瓷花瓶，更显风韵格调。宋代插花容器比前代多样，并发明三十一孔花盆、六孔花瓶、十九孔花插等，为现代插花剑山原型。花架设计也十分考究。宋代的插花艺术并不因为花卉品种多、花色繁多而追求花团锦簇、繁复富丽，不仅追求怡情娱乐，也注重文化表达，赋花以德，以花寓意，不像唐代那样讲究形式排场。南宋曾几《瓶中梅》诗云："小窗水冰青琉璃，梅花横斜三四枝。若非风日不到处，何得色香如许时。

图 4-19　宋佚名《盥手观花图》(天津博物馆藏)

神情萧散林下气,玉雪清莹闺中姿。陶泓毛颖果安用,疏影写出无声诗。""陶泓毛颖"指的是笔和砚,"无声诗"指的是画。这首诗形容瓶梅如画,揭示了插花与绘画共通的审美规律。欣赏插花如同欣赏一幅画一般,绘画艺术中的构图、留白、色彩与插花艺术有异曲同工之妙。

宋代插花之外的花事也繁多,四季皆有。《梦粱录》卷一《二月望》载:"仲春十五日为花朝节。浙间风俗,以为春序正中。百花争放之时最堪游赏。都人皆往钱塘门外玉壶、古柳林、杨府、云洞,钱湖门外庆乐、小湖等园,嘉会门外包家山王保生、张太尉等园,玩赏奇花异木。最是包家山桃开浑如锦障,极为可爱。"写了仲春农历二月十五花朝节时临安的赏花盛况。又卷二《暮春》载,三月末,"春光将暮,百花尽开。如牡

图 4-20 南宋李嵩《花篮图》（故宫博物院藏）

丹、芍药、棣棠、木香、酴醾、蔷薇、金纱、玉绣球、小牡丹、海棠、锦李、徘徊、月季、粉团、杜鹃、宝相、千叶桃、绯桃、香梅、紫笑、长春、紫荆、金雀儿、笑靥、香兰、水仙、映山红等花，种种奇绝"。描画了暮春农历三月底百花盛开之景。《都城纪胜·园苑》也载："城南嘉会门外则有玉津御园，又有就包山作园以植桃花，都人春时最为胜赏，唯内贵张侯壮观园为最。城北北关门外，则有赵郭家园、东西马塍诸园，乃都城种植奇异花木处。"称临安各名苑如玉津园等处春日奇花异草美景。到了夏季，农历五六月间西湖上荷花盛开，赏花"纳凉人多在湖船内，泊于柳荫下饮酒；或在荷花茂盛处园馆之侧"。中秋前"木犀盛开，东马塍、西马塍，园馆争赏"，花海人潮，其盛无比。

　　插花赏花风俗造就了巨大的花卉消费市场。南宋遗民陈著《夜梦在旧京忽闻卖花声，感有至于恸哭，觉而泪满枕上。因趁笔记之》诗云："卖花声，卖花声，识得万紫千红名。与花结习贶有分，婉转说出花平生。低发缓引晨气软，此断彼续春风萦。九街儿女方睡醒，争先买新开门迎。泥沙视钱不问价，惟欲荡意摇双睛。薄鬟高髻团团插，玉盆巧浸金盆盛。人心世态本浮靡，庶几治象有承平。"西湖老人《西湖老人繁盛录·端午节》载，端午节时，南宋临安"初一日城内外家家供养，都插菖蒲、石榴、蜀葵花、栀子花之类，一早卖一万贯花钱不啻。何以见得？钱塘有百万人家，一家买一百钱花，便可见也……虽小家无花瓶者，用小坛也插一瓶花供养，盖乡土风俗如此"。一早晨的鲜花可卖一万贯，可见消费量之巨大。临安最著名的花市在大内前的和宁门外，时人杨万里《经和宁门外卖花市见菊》诗云："君不见内前四时有花卖，和宁门外花如海。"以"花如海"来描述和宁门外鲜花市场之繁华。马塍是临安最大的鲜花产地，形成了鲜花批发和零售市场，经营规模在全国首屈一指。时人叶适《赵振文在城北厢两月，无日不游马塍，作歌美之，请知振文者同赋》诗云："马塍东西花百里，锦云绣雾参差起……陈通苗傅昔弄兵，此地寂寞狐狸行。圣人有道贲草木，我辈栽花乐太平。"诗中提供了一个十分重要的史实，即陈通、苗傅和刘正彦兵变后，马塍由训练马军的基地逐渐沦落为荒凉落寞的狐狸出没之地，而后才发展为花卉种植基地。

　　宋代以前的农书不载花卉栽培种植技术，宋代尤其是南宋以来谱录类农书大量涌现，记录了许多花卉栽培相关工艺。如张镃不仅是园林专家，也是花艺专家，曾著《梅品》等花艺著作。明徐光启《农政全书》卷三七《种植·种法》录张镃所著《种花法》的嫁接法："春分和气尽，接不得；夏至阳气盛，种不得。立春、正月中旬宜接樱桃、木犀、徘徊、黄蔷薇，正月下旬宜接桃、梅、杏、李、半支红、蜡梅、梨、枣、栗、杨梅、紫蔷薇，二月上旬可接紫笑、绵橙、匾橘。已上种接茎于十二月间沃以粪壤，至春时花果自然结实。立秋后可接林檎、川海棠、黄海棠、寒球、转身红、祝家棠、梨叶海棠、南海棠。以上接法，并要接时将头与木身、皮对皮、骨对骨用麻皮紧紧缠上，用箬叶宽覆之。如萌出相长，即撒去箬叶，无有不盛也。"南宋周密《齐东野语》卷一六《马塍艺花》记载了"堂花"的反季节栽培法，反映了马塍花农高超的艺花技艺："马塍艺花如艺粟，橐驼之技名天下。非时之品，真足以侔造化、通仙灵。凡花之早放者，名曰堂花。其法以纸饰密室，凿地作坎，缏竹置花其上，粪土以牛溲硫黄，尽培溉之法。然后置沸汤于坎中，少候，汤气熏蒸，则扇之以微风。盎然盛春融淑之气，经宿则花放矣。若牡丹、梅、桃之类无不然，独桂花则反是。盖桂必凉而后放，法当置之石洞岩窦间暑气不到处，鼓以凉风，养以清气，竟日乃开。此虽揠而助长，然必适其寒温之性，而后能臻其妙耳。"先进的花卉培养技艺造就了千姿百态、争奇斗艳的宋代花事。

第五章　心之所好身必服之

一、叠雪轻衫新浴时

　　《国语·鲁语下》云："夫服，心之文也。"三国吴韦昭注曰："言心所好，身必服之。"这里的"服"指一切器用仪仗，包括服饰。说的是一个人的器用包括穿戴偏好是内心世界的表现。宋代服饰与唐代一样种类、花样繁多，并且在很大程度上继承了唐代传统，但在价值追求上与唐代的开阔恢宏、绚丽华贵有所不同，总体呈现出功能上实用简适，审美上自然清新，制度上消融等级的取向。当时上至贵族、百官，下至士人、平民，服饰大多以文雅理性、朴素节俭为尚，这是宋代审美观念的折射。陆游《夏日晚兴》诗云："含风珍簟闲眠处，

图 5-01 传南宋钱选《招凉仕女图》女子身着对襟薄纱上衣（台北故宫博物院藏）

叠雪轻衫新浴时。""轻衫"与"新浴"言及夏日舒爽。"叠雪"两字不仅指称一时清凉，也是对轻衫素淡之美的称颂。

宋代服饰突出表现为如下一些特征：一是修长适体，便身利事。男子服饰主要有袍、衫、襦、袄、短褐、褐衣、直缀、襕衫、道服、鹤氅、褙子、半臂、旋袄（貉袖）、蓑衣、腹围等，女子服饰主要有袍、襦、衫、袄、裙、抹胸、裹肚、围腰、褙子、半袖（半臂）、裤、裈等。男性包括士人着装也有喜爱褒衣博带即宽袍广身大袖，如袍、鹤氅等。许多文人私居、燕居（闲居）还喜好野服即常服、便服，如直缀或道服、青衣、褐袍，头戴幅巾、高巾，腰束绦带，足踏棕鞋等，体现了隐逸心态和平民气息，像苏轼《赠写真何充秀才》诗"黄冠野服山家容"、《定风波·莫听穿林打叶声》词"竹杖芒鞋"所描述的。南宋人罗大经《鹤林玉露》乙篇卷二《野服》记载朱熹晚年喜欢着野服见客，并详细提及朱熹晚年惯常穿的野服、便服形制以及他复古简朴的审美意识。朱熹平时坚持上衣下裳的穿法，以对领镶黑边饰的长上衣配黄裳。燕居时不束带，待客时束大带。宋代复古儒雅又简朴实用的"深衣幅巾"是一般士人的家居服和交际服。南宋刘克庄《沁园春·送孙季蕃吊方漕西归》词提到"幅巾布裘"，周密《齐东野语》卷一〇《脱靴返棹二图赞》言及"幅巾兮野服，貌腴兮神肃"。幅巾又称巾帻、幞头、帕头等，用于束首裹头。如果是葛布所制，就称"葛巾"。宋代官员公服则多用长脚幞头、襕衫、革带、乌皮靴等，改唐代软脚幞头为内衬木骨、外罩漆纱的硬脚（裹）幞头冠帽。体力劳动者流行裤袄，衣着窄小，适于劳作。二是用色质朴，装饰适度。平民一般只穿白色粗麻布衣，士人也追求素雅平淡的色彩。如野服以黄、白、青色为主。白、青二色体现儒雅气质，黄色则符合《仪礼·士冠礼》"玄端、玄裳、黄裳、杂裳可也"（东汉郑玄注："上士玄裳，中士黄裳，下士杂裳。杂裳者，前玄后黄。"）的规范。三是消解等级，上下混用。如

《朱子语类》卷九一《礼八》所谓"衣服无章，上下混淆"。朝廷对实行服饰等级制屡有议论，但服饰等级制度事实上一直未被严格遵行，上下服饰没有绝对差别。隋唐的幞头在宋代成为男子的主要首服，冠帽渐衰。按规定只能穿白色和皂色服装的庶人、公人、商贾等则常违禁穿戴官员衣冠。《梦粱录》卷一八《民俗》载，到南宋末年，"衣冠更易，有一等晚年后生，不体旧规，裹奇巾异服，三五为群，斗美夸丽"。四是胡汉交融，兼容并包。《梦溪笔谈》卷一《故事一·中国衣冠用胡服》载，汉人衣冠服饰自北齐以来全用胡服制式，如袖子窄瘦，或红或绿的短上衣，长筒靴，有装饰蹀躞的腰带等。袖子窄瘦便于驰射，短上衣、长筒靴都便于过草地，雨天过草地衣裤也不会沾湿。宋代只有祭服、朝服或司马光等提倡但不太流行的深衣等保留了汉制，其他都由胡服化变而来。朝廷屡下令禁止仿效胡服，但无效果。如《朱子语类》卷九一《礼八》所说："今世之服，大抵皆胡服，如上领衫、靴鞋之类。先王冠服扫地尽矣。"明黄淮、杨士奇《历代名臣奏议》卷一二〇《论衣冠服制》载，南宋淳熙年间（1174—1189）临安知府袁说友上奏曰："臣窃见今来都下一切衣冠服制习外国俗,官民士庶漫相效习,恬不知耻。事属甚微,而人心所向,风化所本,岂可不治?"乃至当年班固《汉书》卷二七中之上《五行志第七中之上》所说"风俗狂慢,变节易度"的"服妖"大量出现。比如窄袖衣是宋代女子的流行便服,特征是对襟、窄袖、交领、衣长至膝、瘦窄方便。而宋末流行一种窄袖衣奇瘦贴身,前后两侧相缝处开衩,开衩处有许多衣扣装饰,叫作"密四门"。这种服饰就被视为"服妖"。五是开放时尚,破旧立新。不少人拿宋服与唐服相比,认为前者趋于保守。其实宋代服饰相当开放,如女子服饰以低交领半露酥胸为主,且抹胸位置很低,显露乳沟。传北宋何充《摹卢媚娘像》所画道姑卢媚娘身着对襟低领道袍,抹胸显露。卢媚娘是唐人,但画中人物服饰和造型是典型的宋代样式。温州市瓯海区白象塔出土两尊北宋彩塑女菩萨立像,右袒裸胸,其中一尊还裸露双臂。南宋刘松年《茗园赌市图》画有一名提茶瓶市井女子,酥胸微露。梁楷《八高僧故事图》所画汲水女子露出红色内衣和半个丰满的胸脯。梁楷另一幅《蚕织图》所画女子穿的也是低胸上装,露出贴身内衣。北宋武宗元《朝元仙仗图》、南宋张思恭《猴侍水星神图》画的女神也是低胸装。

图 5-02　传北宋何充《摹卢媚娘
像》着抹胸女子（美国弗利尔美
术馆藏）

图 5-03　温州市瓯海区白象塔出土北宋彩塑
女菩萨立像（浙江省博物馆藏）

北宋赵令畤《蝶恋花·商调十二首》之二云："锦额重帘深几
许。绣履弯弯，未省离朱户。强出娇羞都不语，绛绡频掩酥胸
素。""绛绡频掩酥胸素"是说少女穿着素雅的丝质抹胸。宋
人的抹胸极为讲究，材质多为罗、绢、纱，颜色多鲜红、粉红、
橙色，往往还绣有花朵、鸳鸯等装饰图案。汉服女装似在东汉
后期即出现低胸风潮，局部流行以武周时期为盛，而全面流
行则在宋代。高交领服饰是金人带入汉服的，宋亡后低领服
饰才逐渐退世。宋代女子着装尚秀丽苗条，多以窄袖衫襦配

图5-04 南宋刘松年《茗园赌市图》着抹胸市井女子（台北故宫博物院藏）

长裙，外罩对襟交领小袖长襦或长褙子，且崇尚饱和度低的色系，既突出女性特征，又表现含蓄温婉的气质。宋代服饰也追求奇特，乃至奇装异服不绝。最甚时为南宋晚期的理宗朝。《宋史》卷六五《志第十八·五行三》载："宫妃系前后掩裙而长窜地，名赶上裙。梳高髻于顶，曰不走落。束足纤直，名快上马。粉点眼角，名泪妆。剃削童发，必留大钱许于顶左，名偏顶；或留之顶前，束以彩缯，宛若博焦之状，或曰鹁角。"但宋代服饰的某些变化，如改唐代紧身窄袖常服为宽衣大袖公服，在靴上加饰绚、繶、纯、綦，也表明从全盘胡风逐渐回归汉服传统，并在制度上加以完善。这并非简单的保守，其实也是一种发展或创新。实际上，这种变化从中晚唐已经开始，经唐

图 5-05　南宋梁楷《蚕织图》着抹胸蚕娘（黑龙江省博物馆藏）

图 5-06　南宋梁楷
《八高僧故事图》(局
部)(上海博物馆藏)

图 5-07 南宋佚名《歌乐图》着褙子女子（上海博物馆藏）

末五代，至宋代基本成形。既是文化融合加深的正常表现，也是唐代安史之乱后的一种社会心理反应。朝廷出于政治舆论的需要极力表明对胡服的抵制，但大多只是一种姿态。"服妖"之论持续不断，则说明宋代服饰始终充满创新活力。只是其创新遵循一般规律，属正常的自体制度继承性发展，正常的对异体文化的吸收补充。对多元文化的兼容并蓄，对美的不懈追求，对时尚的突发奇想，是宋代服饰文化创新的特点。宋代服饰既较大程度地消解了上下等级差异，抹去了士、农、工、商的界限，使服饰文化完全世俗化，也丰富了市民的日常生活。

褙子是宋代最有代表性的服饰。褙子又名背子、绰子、绣襦、罩甲等，形制一般为直领对襟，前襟无纽袢或系带，腋下开胯，下长过膝，腰间可用勒帛系束，领型也有斜领交襟、盘领交襟。褙子是男子穿公服时的内衣。腋下双带一般不系结，只是模仿中单交带表示好古存旧，需要时另用勒帛系腰。宋代女子褙子初期短小，后来加长，有的袖大于衫、长与裙齐。褙子发源于秦代以前，至隋代完善，至宋代不仅男女，上下通

图 5-08　南宋刘宗古《瑶台步月图》着褙子女子（故宫博物院藏）

服。因其造型符合礼仪规范且有含蓄雅致之美，成为宋代女子的主要服饰。褙子与半袖（一种无领或翻领、对襟或套头短外衣）、中单（一种右衽交领内衣）有诸多相同之处，有的学者认为褙子是对它们承继而演进形成的。今人沈从文《中国古代服饰研究》引言又提到，褙子还吸取了北方游牧民族旋袄、貉袖衣制紧窄的特点。此外，褙子的流行也与女冠（女道士）道服有关。女冠道服的形制形成于南北朝时期，在规制上有等级之分，但都有去华取实、去奢尚简的特点，褙子吸收了其文化内涵。褙子在宋代的流行是晚唐五代审美新时尚的一种完成和实现。据晚唐《簪花仕女图》、敦煌藏经洞发现的晚唐五代绢画《引路菩萨像》、五代后周冯晖墓出土砖雕女服和江苏省南京市江宁区祖堂山南唐烈祖李昪墓出土女俑

图 5-09 南宋佚名《杂剧打花鼓图》着勒帛系束褙子艺人（故宫博物院藏）

像等推断，一种内穿抹胸、外披对襟长衣、下着长裙的新型服饰逐渐形成。这种服饰在"利身""便事"上仍有缺憾，宋代在这方面进行改造。据宋代传世名画《歌乐图》《瑶台步月图》中宫廷贵族女子衣式，山西省壶关县下好牢村宋墓砖雕郭巨图中平民妇女衣着等样式，服饰显得称身适体了许多。宋代还有一种说法，认为褙子本是婢妾之服。因婢妾一般都侍立于主妇背后，故称"背子"。婢妾穿腋下开胯的衣服，行走也较方便。开衩的褙子如同缺胯衫一样便于劳作、跨骑和行走侍役，因此为各界人士所接受。褙子束结则更便于行动，所以渐为武士所用，又演化为军服。可长可短的衣式也使其可以作为女子的礼服用于各种正式场合。《宋史》卷一五一《志第一百四·舆服三》载，皇后在受册封后拜谒家庙时改穿

图 5-10 福建省福州市黄昇墓出土南宋服饰
（福建博物院藏）

图 5-11 浙江省台州市黄岩区南宋赵伯澐墓出土服饰（黄岩博物馆藏）

褙子。褙子在宋代的流行，也与当时生活起居方式的改变有关。宋代完成了坐具从无足向低足、高足的发展，确立了垂足坐的起居方式。穿着褙子构成的外短内长（外着褙子与内服长裙、长裤）的搭配，不会因坐着时衣裾开衩遮护不严而有损仪容。同时，褙子的形制适应了北宋中后期人们出行方式的改变。宋代出行除乘车、轿外，以骑马、驴、骆驼、牛等为代步的情况也颇为常见，穿着褙子比较方便。

宋代女子的裙装主要有百褶裙、旋裙和合欢掩裙三种样式。百褶裙便于幅度较大的动作，如舞蹈表演。旋裙运用类似褙子的设计思路，在身体的前后两侧进行开衩改良，适应下层女子劳作，后来也被纳入上层女子常服。合欢掩裙是在裤子外面加套一个短裙，既有美的外观，又便于自由行动。

二、娇媚无骨入艳三分

作为服饰文化的重要组成部分，宋代女子妆饰也是以唐代为基础并受到外来文化的影响，复归传统并非简单地继承和延续，而是在新的历史条件下结合新的审美意识创造出的

图 5-12 南宋苏汉臣《妆靓仕女图》（美国波士顿美术博物馆藏）

新样式。宋代女子妆饰的整体风格不再流于表面的浓妆艳抹，而是推崇雅致的内在意蕴。这不仅是指宋代女子妆饰呈现的简洁清雅风格，也指其注重细节和对文化的融入。这种妆饰品质精良、造型新颖，既有文人所倾心的朴素淡雅又具备高贵的气象，既吸收外来文化养分又不像唐代那样"胡气"浓郁，既端庄又不失新颖，既内敛又不失华美，显得娇媚无骨又入艳三分。十分可贵的是，宋代女子在遵循大众审美心理的同时也大胆表达了个性化的审美追求。

　　宋代女子经常将头发挽成类似朝天髻、同心髻、螺髻、包髻、云髻和坠马髻等发式。朝天髻从前朝继承而来，基本特征是梳高髻于头顶，它在宋代流行时间较长。同心髻从朝天髻

图 5-13　故宫南薰殿旧藏《宋高宗后坐像》（台北故宫博物院藏）

演变而来，上有同心绾，造型更为简洁，在南宋初年盛行。螺髻在唐代已十分流行，直至宋代仍颇受年轻女子喜爱。包髻是以头巾包裹的发式，挽髻方便且造型简单

图 5-14 河南省禹县白沙宋墓壁画《梳妆图》

大方。云髻修饰如云。坠马髻是一种偏垂一边的发髻样式，发源于汉代，在宋代进行改造，将原来搭肩的低髻改为顶端下垂的高髻。宋代女子发饰既有延续前代的簪、钗等，也有别具风格的翠羽、梳篦、玉梅等带有节庆特色的新品。这些种类丰富、造型新颖的饰品经常与冠饰搭配使用，也可以直接簪插在发髻上作为点缀。其中翠羽和梳、篦是极具代表性的头饰。翠羽是用蓝翠、金翠色羽毛制作而成的头饰，因较奢靡屡遭朝廷禁止，但一直为人崇尚。梳、篦装饰沿袭唐五代遗风，采用金、银、玉、象牙等稀有材料制作。节日期间还流行佩戴闹娥、玉梅、

雪柳、灯笼、彩胜、玉燕等。富贵人家又用水晶头饰，平常人家则会用形似水晶的饰品，如琉璃等。又用绢、纸、绒、罗、帛、珠等材料制成的假花。农村女子还会用鲜花、水果（如荔枝、樱桃）和田间作物作佩饰。

宋代女子化妆也用脂粉，但崇尚素淡。当时流行慵来妆、酒晕妆、桃花妆、飞霞妆、北苑妆、啼眉妆、白妆、赭面、三白妆、檀晕妆、泪妆、佛妆等前代流传下来的妆容，但更崇尚的是类似于现在的裸妆，或也可以说裸妆发源于宋代。这种与唐代反差甚大的妆容，特点是薄施朱色、面透微红，当时称"薄妆""素妆""淡妆"。慵来妆源自汉代，特点是薄施朱粉、浅画双眉、鬓发蓬松，给人慵困、倦怠之感。酒晕妆、桃花妆、飞霞妆自南北朝开始流行。先敷粉后施朱，色浓的为酒晕妆，色淡的为桃花妆。飞霞妆则先施浅朱，再覆盖白粉，呈浅红色。北苑妆自南朝始流行，方法是在淡妆基础上于额头贴大小、形态各异的油茶花籽。啼眉妆、白妆、赭面、三白妆自唐代开始流行。八字眉配乌膏涂唇为啼眉妆，脸部涂白粉为白妆，脸部涂红褐色为赭面。三白妆即施底妆后在额头、鼻梁、下巴三处涂白，类似现在用高光粉。檀晕妆始于唐代，宋代十分流

图 5-15 故宫南薰殿旧藏《宋仁宗后坐像》（台北故宫博物院藏）

行。特点为在铅粉底敷檀香粉，面颊中部呈微红，逐步向四周晕开，眉下染浅赭色。泪妆始于唐代，传说为杨贵妃的姐姐虢国夫人发明。特点是仅在两颊或眼角点素粉，而不施胭脂。佛妆是契丹女子的一种特殊妆型，特点是以黄色粉末染于面颊，经久不洗，如同金佛之面。宋代女子的唇妆沿袭前代色泽艳丽之风，以朱红小口为时尚，在淡雅的面部上显得更加突出。又有在唇中间抹色，上下晕染的咬唇妆。

宋代女子还喜欢加面饰，如额黄（也叫"鹅黄"）、妆靥、斜红和花钿等。额黄即将额部涂黄，是一种古老的额饰。妆靥即在脸颊两侧酒窝处施以装饰，如翠靥、花靥和粉靥等。斜红是在面颊两侧、鬓眉之间画月牙形纹饰，表现残破缺憾之美。

189

北宋晏几道《玉楼春·琼酥酒面风吹醒》词云："琼酥酒面风吹醒，一缕斜红临晚镜。"周邦彦《塞翁吟·暗叶啼风雨》有云："梦念远别、泪痕重。淡铅脸斜红。"与唐代一样，宋代女子也喜欢用花钿来装饰面容，通常是将彩纸、云母片等剪成花、鸟、昆虫等形状粘贴在眉心上。材质多种多样，既有雅致华美的翠钿，又有清新动人的鲜花钿，还有小巧玲珑的珍珠钿。用于粘贴的是一种称作"呵胶"的物质。故宫南薰殿旧藏《宋仁宗后坐像》描绘了仁宗皇后和侍女面饰珍珠的图像，有的甚至满面点缀花钿，以遮蔽面部瑕疵，达到修饰面容的效果。宋代女子青睐的寿阳妆，不仅在额头上妆点梅花钿，还要在鬓边插戴梅花。

宋代女子特别重视眉妆。汉代有八字眉、愁眉、远山眉等，三国时有蛾眉。唐玄宗令画工画《十眉图》，有所谓鸳鸯眉（又名八字眉）、小山眉（又名远山眉）、五岳眉、三峰眉、垂珠眉、月棱眉（又名却月眉）、分梢眉、涵烟眉、拂云眉（又名横烟眉）和倒晕眉。唐代众多宫廷侍女追捧文殊菩萨的细眉。据北宋陶穀《清异录·妆饰门》所记，五代范阳（今河北省保定市北部）凤池院一年轻尼姑发明"浅文殊眉"，后来在

190

宋代流行。除了浅文殊眉、远山眉为代表的细长眉，月棱眉和倒晕眉在宋代也颇流行。倒晕眉是一种由内而外颜色逐渐变浅直至消失的眉饰，颇具立体感，当时女子对这种眉妆的追捧不亚于浅文殊眉。晏几道《蝶恋花·碾玉钗头双凤小》词云："倒晕工夫，画得宫眉巧。"

过去化妆所用粉底一般是铅粉，所以有人干脆用"铅华"来指称粉底。铅粉有毒，所以宋人又用石膏、滑石、蚌粉、腊脂、壳麝调制。南宋陈元靓《事林广记后集》卷一〇《玉女桃花粉》载录，武则天使用过"玉女桃花粉"，这种以益母草、蚌粉、胭脂等为原料的妆粉有如桃花般艳丽色彩，具有"去风刺，滑肌肉，消瘢点，驻姿容"的功效。其制作过程包括煅烧、捣碎、晾干等多个步骤，工艺十分复杂。宋代以前多用红蓝花调制胭脂。五代马缟《中华古今注》卷中《燕脂》云，红蓝花为燕国所产，故曰"燕脂"。唐代以后较多用紫铆制作胭脂，宋代更为流行。北宋寇宗奭《本草衍义》卷一四《紫铆》云："如糖霜结于细枝上，累累然。紫黑色，研破则红。今人用造绵烟脂，迩来亦难得。"宋人制作口脂的方式主要是用蜂蜡、香料掺和紫草、朱砂染色，以小竹筒为模具做成圆条状。

宋代以前画眉多用石墨，时称"石黛"。宋代有了专门的画眉墨，而很少使用石黛。画眉墨是一种烟墨，明解缙等《永乐大典》卷六五二三《十八阳妆》集《事林广记》记载了烟墨的制作方法："真麻油一盏，多着灯心搓紧，将油盏置器水中焚之，覆以小器，令烟凝上，随得扫下。预于三日前，用脑麝别浸少油，倾入烟内和，调匀，其黑可逾漆。一法，旋剪麻油灯花用尤佳。"宋代也流行香水。由于香液多从蔷薇花中提炼出来，当时称"蔷薇水"。宋人也用一种叫作"朱栾"的花加上其他香料高温蒸馏制作香水。

宋代女子的耳饰主要包括珥珰、耳环、耳坠三类，颈饰主要分珠链、项圈、璎珞三类。其中璎珞是集项圈、项链、串珠及长命锁于一体的项饰。手饰主要有佩戴于手腕的手镯、点缀手臂的臂钏、戴在手指上的戒指以及美甲四大类。宋代已有美甲时尚，流行蓄甲、染甲。染甲材料大多是女子培育的花种，如颜色明亮的凤仙花（指甲花）等，多数为红色。南宋周密《癸辛杂识续集》上《金凤染甲》介绍了一种美甲方法："凤仙花红者用叶捣碎，入明矾少许在内。先洗净指甲，然后以此付甲上，用片帛缠定过夜。初染色淡，连染三五次，其色若胭脂。洗涤不去，可经旬。直至退甲，方渐去之。或云此亦守宫之法，非也。今老妇人七八旬者亦染甲。"美甲是女子手饰的点睛之作。指尖呈现俏皮一点红的可爱，可与面部的红唇相互映衬，使得整体妆容更加完美。

宋代女子所佩戴腰带有白色绢带、罗带和彩色的锦带。腰带上又饰玉佩以及佩囊、香球、佩巾等。玉佩除在腰带上佩戴用于装饰外，往往也在衣裳下端左右两处缀饰以镇压衣角，以防不得体情况出现。因女子服饰没有口袋，佩囊又成为她们不可或缺的随身佩饰，以应日常生活之便，所以又称"荷包"。佩囊的材质多数是皮革、丝绸。香球是小型焚香熏炉，为金、银、铜等金属材料制成的球状饰品。佩巾是系于腰间用来擦手拭面的丝巾，也称"手巾"，材质多是柔软轻盈的罗、绢、棉布等。

三、头上花枝照酒卮

簪花也是宋代服饰的重要组成部分。宋人爱簪花，还形成多种艺术样式。故宫南薰殿旧藏《宋仁宗后坐像》中的侍女头戴饰有四季花卉的"一年景"花冠。陆游《老学庵笔记》卷二云："靖康初京师织帛及妇女首饰衣服皆备四时。如节物则春幡、灯球、竞渡、艾虎、云月之类，花则桃、杏、荷花、菊花、梅花，皆并为一景，谓之'一年景'。""一年景"花冠只是其中一种。当时市面上有很多卖花冠的店铺，还有专门维修花冠的手艺人。簪花原由女子主导，宋代还出现颇为奇特的男子普遍簪花现象。男子簪花唐已有之，但不普遍，明清时偶有为之，而只有宋代蔚然成风。宋代男子簪花是唐代重阳节男子簪花和宫廷簪花风气的扩大，也是宋人自发的趋吉辟邪心理的表露，以及新的审美观的表达。

九月九日重阳节兴起于汉代，且西晋已有头插茱萸辟邪的风俗。但是重阳节时茱萸花期已过，所以当时簪插的其实是茱萸"花房"，即果实而非花。唐代有男女头插菊花的风俗，如杜牧《九日齐山登高》诗云："尘世难逢开口笑，菊花须插满头归。"宋代对重阳节的重视甚于前代。重阳节这一天男女老幼登高望远，都会簪插菊花，饮茱萸酒、菊花酒。皇宫举办重阳宴，席间会给百官赐花佩戴。《水浒传》第七十一回曾描绘梁山举办重阳节菊花会，宋江作《满江红》词云："头

图 5-16 北宋苏汉臣《货郎图》（台北故宫博物院藏）

上尽教添白发，鬓边不可无黄菊。"除重阳节外，唐代其他一些娱乐活动也有男子簪花的情况，如唐玄宗游宴来兴时常为臣下簪花。五代王仁裕《开元天宝遗事》卷下《天宝下·游盖飘青云》载："长安春时，盛于游赏，园林树木无闲地。故学士苏颋《应制》云：'飞埃结红雾，游盖飘青云。'帝览之，嘉赏焉，遂以御花亲插颋之巾上，时人荣之。"又北宋计有功《唐诗纪事》卷一一《武平一》载，唐中宗于立春日赐近臣彩花一朵。最年少的武平一作应制诗最美，中宗"更赐花一枝，以彰其美"。宋代沿袭唐代风俗，太宗曾在宫廷举办花宴，君臣应景赋诗作词，且人人簪花。清厉鹗《宋事纪事》卷五《杨允元》载，太宗宠臣杨允元作《寄馆中诸公》诗云："闻说宫花满鬓红，上林丝管侍重瞳。"北宋端拱元年（988），朝廷为新进士置闻喜宴，太宗亲自为他们簪花。新进士在履行入朝谢恩、祭祀孔子、拜恩师等活动时也簪花。出宫后，丐、娼往往沿途争抢他们所戴花以沾喜气。后来赐花、簪花逐渐发展为一种制度。真宗时行御宴赐花礼仪，至仁宗时又形成簪花礼仪。每逢重大节庆如郊祀回銮、皇帝生日、宫廷会宴等，君臣都要簪花。《宋史》之《礼志》《舆服志》对此有许多详细记载。如卷一一三《志第六十六·礼十六》载，北宋咸平三年（1000）"翰林学士梁颢请以春秋大宴、小宴、赏花、行幸次为四图，颁下阁门遵守。从之"。赐宴时皇帝为臣下赐花簪花是一道必不可少的程序。"大宴将更衣，群臣下殿，然后更衣，更衣后再坐，则群臣班于殿庭，候上升坐，起居谢赐花，再拜升殿。"北宋王辟之《渑水燕谈录》卷一《帝德》载："后曲宴宜春殿，出牡丹百余盘，千叶者才十余朵，所赐止亲王、宰臣，真宗顾文元及钱文僖，各赐一朵。又尝侍宴，赐禁中名花。故事，惟亲王、宰臣即中使为插花，余皆自戴。上忽顾公，令内侍为戴花，观者荣之。"真宗去泰山封禅时，命陈尧叟为东京留守，马知节为大内都巡检使。驾未行，先宣二人入后苑赐宴。时真宗与二人都戴牡丹，真宗旋令陈尧叟摘

图 5-17　传南宋李唐《春社醉归图》（美国波士顿美术博物馆藏）

去所戴之花，以自己头上的花为其簪之。又清潘永因《宋稗类钞》卷一《异数》载，寇准侍宴，真宗特命以千叶牡丹簪之，且云："寇准年少，正是赏花吃酒时也。"《宋史》卷一三〇《志第八十三·乐五》载，南宋淳熙年间（1174—1189），礼部尚书赵雄等建议"请庆寿行礼日，圣驾往还并用乐及簪花"，即簪花不再局限于宴会，举办各类庆典时宫廷所有人员始终簪花，皇帝驾出时则簪花而从。淳熙十三年（1186），太上皇赵构 80 岁，元日临安城举行簪花游行盛典，自皇帝以至群臣禁卫吏卒往来皆簪花，四方万姓远道前来快睹盛事。杨万里《德寿宫庆寿口号》（其三）诗云："春色何须羯鼓催，君王元日领春回。牡丹芍药蔷薇朵，都向千官帽上开。"《梦粱录》卷六《孟冬行朝飨礼遇明禋岁行恭谢礼》载："每岁孟冬……前筵华，上降辇转御屏，百官小歇，传宣赐群臣以下簪花，从驾、卫士、起居官、把路军士人等并赐花。"从嘉定四年（1211）开始，只有臣僚从属簪花，皇帝不再簪花，以表示天子唯我独尊、"尽将春色赐群臣"。赐花则按官阶高低分等，体现在花色品种和数量上。《宋史》卷一五三《志第一百六·舆服五》载："大罗花以红、黄、银红三色，栾枝以杂色罗，大绢花以红、银红二色。罗花以赐百官，栾枝，卿监以上有之；绢花以赐将校以下。太上两宫上寿毕，及圣节、及锡宴、及赐新进士闻喜宴，并如之。"《梦粱录》卷六《孟冬行朝飨礼遇明禋岁行恭谢礼》说得更为详细，所谓"其臣僚花朵，各依官序赐之"。《东京梦华录》《梦粱录》《武林旧事》《西湖老人繁胜录》等宋人笔记对赐花、簪花、谢花礼仪与所赐"生花""宫花"的品种、颜色、数量、对应官级都有大量描写。

198

赐花、簪花也是统治者营造普爱天下和君臣和睦、融洽氛围的一种方式。宋代赦免或处死犯人时，为了向犯人宣示"天恩""天意"，狱卒也须簪花。《宋史》卷六五《志第一八·五行三》载，南宋绍兴初年"郡狱有诬服孝妇杀姑，妇不能自明，属行刑者插髻上华于石隙，曰：生则可以验吾冤。行刑者如其言，后果生"。《梦梁录》卷五《明禋礼成

图 5-18 明仇英《四相簪花图》（私人藏）

登门放赦》载："通事舍人接赦宣读，大理寺帅漕两司等处，以见禁杖罪之囚，衣褐衣，荷花枷，以狱卒簪花跪伏门下，传旨释放。"《水浒传》中"病关索"杨雄和"一枝花"蔡庆

原是狱警，兼做行刑剑子手，前者"鬓边爱插翠芙蓉"（第四十四回），后者"一朵花枝插鬓旁"（第六十二回），即以此为据。

宋代还流传"四相簪花"的佳话：北宋庆历五年（1045），韩琦任扬州知州，有一天官署后花园一株芍药一枝四岔都开了花，花瓣上下呈红色，一圈金黄蕊围在中间。这种芍药称金缠腰，又叫金带围，不仅花色美丽奇特，而且传说它开了就要出宰相。当时大理寺评事通判王珪、大理寺评事佥判王安石正好在扬州，韩琦便邀他们一同观赏。因为花开四朵，韩琦便又邀请州钤辖使，但他正好身体不适，就临时请了路过扬州的大理寺丞陈升之。饮酒赏花之际，韩琦剪下这四朵金缠腰插在每人头上，后来他们真的都做了宰相。北宋沈括《梦溪笔谈》、陈师道《后山丛谈》、彭乘《墨客挥犀》、苏象先《丞相魏公谭训》、蔡絛《铁围山丛谈》对此都做了记载。只是《铁围山丛谈》记的过客是吕公著，不是陈升之。这个故事赋予簪花美好的寓意。簪花由此渐渐成为受皇帝赏识或科举登第的一种象征，因而为人羡慕和向往，被争相仿效，成为各级官员簪花的内在驱动因素。

　　由于朝廷倡导，簪花在民间也十分流行。《水浒传》第十四回描写阮小五出场时的打扮："斜戴着一顶破头巾，鬓边插朵石榴花。"浪子燕青也喜戴四季花。这些并非特定的小说虚构，而是当时社会生活的反映。宋代男子簪花一般用时令鲜花（木槿、蔷薇、梅花、杏花、棠梨、茉莉、牡丹、菊花等）或金银制、绸制、绢制花，官员一般插于冠上，百姓比较随意，发髻、鬓角或冠上都可以。李嵩《货郎图》、传李唐《春社醉归图》等绘画作品对此也有生动表现。

　　宋代还出现了簪花文学。簪花是宋代诗词众多意象之一，含蕴着丰富的审美文化理想，除表现美好愿望外也有任情适性和以俗为美的精神表达。据统计，北京大学古文献研究所编《全宋诗》收录的簪花诗有100多首，唐圭璋主编《全宋词》收录的簪花词有170多首，涉及人物有欧阳修、晏殊、梅尧臣、苏轼、司马光、黄庭坚、曾巩、苏舜钦、周邦彦、李清照、陆游、辛弃疾、姜夔、秦观、杨万里、周必大、朱熹、刘克庄等近百位。较著名者如北宋欧阳修《浣溪沙·堤上游人逐画船》："白发戴花君莫笑，六幺催拍盏频传。人生何处似尊前。"苏舜钦《哭曼卿》："高歌长吟插花饮，醉倒不去眠君家。"南宋陆游写的簪花诗最多，有 51 首。其《醉舞》诗云："短帽簪花舞道傍，年垂八十尚清狂。"又《花时遍游诸家园》（十首）诗表达爱惜名花的痴狂："为爱名花抵死狂，只愁风日损红芳。绿章夜奏通明殿，乞借春阴护海棠。"称因愁狂风烈日损坏名花，要写一道绿章奏明玉皇大帝，求他多安排一些阴凉天气。北宋理学家邵雍喜欢簪戴各式鲜花，也写过许多簪花诗。其《对花》诗云："花枝照酒卮，把酒嘱花枝。"又《插花吟》诗云："头上花枝照酒卮，酒卮中有好花枝。"苏轼写的簪花诗数量仅次于陆游，有 19 首。北宋熙宁五年（1072），时任杭州通判的苏轼随知州沈立去吉祥寺花园赏牡丹，大醉而归，第二天作《吉祥寺赏牡丹》诗云："人老簪花不自羞，花应羞上老人头。醉归扶路人应笑，十里珠帘半上钩。"

为了适应簪花之需，除前述鲜花基地和市场外，南宋都城临安还另有工艺花市在御街中段官巷内。《都城纪胜·诸行》载："大抵都下万物所聚，如官巷之花行，所聚花朵、冠梳、钗环、领抹极其工巧，古所无也。"其所谓"花"主要指装饰打扮用的首饰、帽饰、手饰、颈饰、衣饰等物品。花市中不仅设有作坊专门制作，即所谓"花作"，更设有销售的铺席。

《梦粱录》卷一三《团行》载："最是官巷花作，所聚奇异飞鸾走凤、七宝珠翠、首饰花朵、冠梳及锦绣罗帛、销金衣裙、描画领抹极其工巧，前所罕有者悉皆有之。"官巷后来曾称"花市巷，宋时作鬻花朵者居之"。